俄罗斯

鄂毕河

叶尼塞河

安加拉河

第 43 页

第 32 页

第 42 页

第 29 页

第 27 页

第 30 页

第 40 页

第 44 页

第 46 页

托木斯克

第 28 页

第 31 页

坎斯克

布拉茨克

鄂木斯克

尤尔加

克拉斯诺

亚尔斯克

乌亚尔

泰舍特

第 47 页

新西伯利亚

扎奥焦尔内

第 48 页

巴拉宾斯克

卡尔加特

柳宾斯基

济马

第 50 页

巴尔瑙尔

扎拉里

阿巴坎

西伯利亚乌索利耶

伊尔库茨克

努尔苏丹

第 51 页

斯柳江卡

卡拉干达

第 52 页

蒙古

比什凯克

中国

吉尔吉斯斯坦

塔吉克斯坦

米尔内
勒拿河
雅库茨克
俄罗斯
涅留恩格里
滕达
鄂霍次克海
第 56 页
阿穆尔河（黑龙江）
贝加尔湖
第 64 页
第 66 页
乌兰乌德
达拉孙
赤塔
第 65 页
阿穆尔共青城
第 53 页
第 54 页
扎维京斯克
哈巴罗夫斯克
（伯力）
斯米多维奇
乌兰巴托
蒙古
第 67 页
哈尔滨
中国
第 68 页
阿夫杰耶夫卡
第 69 页
乌苏里斯克（双城子）
工人村
札幌
符拉迪沃斯托克
（海参崴）
第 70 页
日本海
北京
日本
朝鲜
平壤
仙台
黄海
首尔
韩国
石家庄
东京

〔俄罗斯〕亚历山德拉·利特维娜　著
〔俄罗斯〕阿尼娅·杰斯尼茨卡娅　绘
郭小诗　译

世界上最长的火车之旅

在这个积雪和人一般高的地方，
在这个如不眠之夜一样广阔的地方。
…………
火车在西伯利亚的土地上，
来来回回地飞驰着。
壮美的朝霞像一只灰雀，
迎面而来，
飞往原野。

——Умка（安娜·格拉西莫娃，
俄罗斯作词人）

中信出版集团 | 北京

本书作者向俄罗斯国立公共历史图书馆科学阅览室管理处首席图书管理员——叶·尼·科佩洛娃在资料收集过程中提供的帮助，致以诚挚的谢意。

本书作者感谢下列人士提供的帮助与建议：

俄罗斯铁路（股份）公司的工作人员；

莫斯科国立大学地理学博士列·费·利特温；

安德烈·波兹尼亚科夫、塔吉扬娜·佩列瓦洛娃、马克西姆·卡希林、伊戈尔·萨拉普洛夫、瓦季姆·马约尔和安德烈·斯特鲁宁——感谢他们拍摄的城市与自然风光；

绘者阿尼娅的粉丝，这些经验丰富的旅行者慷慨地为我们提供了许多建议。

图书在版编目（CIP）数据

世界上最长的火车之旅 /（俄罗斯）亚历山德拉·利特维娜著；（俄罗斯）阿尼娅·杰斯尼茨卡娅绘；郭小诗译 . -- 北京：中信出版社，2022.7（2025. 4 重印）

ISBN 978-7-5217-4120-9

Ⅰ . ①世… Ⅱ . ①亚… ②阿… ③郭… Ⅲ . ①儿童故事—图画故事—俄罗斯—现代 Ⅳ . ① I512.85

中国版本图书馆 CIP 数据核字（2022）第 040735 号

世界上最长的火车之旅

著　　者：［俄罗斯］亚历山德拉·利特维娜
绘　　者：［俄罗斯］阿尼娅·杰斯尼茨卡娅
译　　者：郭小诗
出版发行：中信出版集团股份有限公司
（北京市朝阳区东三环北路27号嘉铭中心　　邮编　100020）
承 印 者：北京尚唐印刷包装有限公司

开　　本：787mm × 1092mm　1/8　　印　　张：10.5　　字　　数：367 千字
版　　次：2022 年 7 月第 1 版　　印　　次：2025 年 4 月第12次印刷
京权图字：01–2022–0355
审 图 号：GS（2022）2154 号（本书地图为原文插附地图）
书　　号：ISBN 978-7-5217-4120-9
定　　价：78.00 元

服务热线：400-600-8099
投稿邮箱：author@citicpub.com

出　　品　中信儿童书店
图书策划　红披风
策划编辑　刘杨
责任编辑　李欣一
营销编辑　张旖旎　易晓倩　李鑫橦
装帧设计　李晓红

出版发行　中信出版集团股份有限公司
服务热线：400-600-8099　网上订购：zxcbs.tmall.com
官方微博：weibo.com/citicpub　官方微信：中信出版集团
官方网站：www.press.citic

著、绘者致辞

亲爱的读者们：

俄罗斯是一个幅员辽阔的国家——从莫斯科到符拉迪沃斯托克（海参崴）的火车要行驶六天左右。1891年，俄罗斯决定修建横跨西伯利亚的铁路干线。通车后，这段铁路与早前建成的欧洲部分的铁路将整个国家联结在一起。从莫斯科到符拉迪沃斯托克（海参崴）的铁路就被称为西伯利亚大铁路。西伯利亚大铁路改变了一切：西伯利亚的大河上架起了桥梁，从前的小村庄变成了大城市，来自俄罗斯中部的移民涌入那些新大陆一般的土地。西伯利亚大铁路至今仍是世界上最长的铁路，它的建成在当时足以媲美一次宇宙飞行，西伯利亚大铁路之旅也成了许多人探索俄罗斯的方式。

我们也决定踏上这次铁路之旅。我们的旅伴与帮手一共有74个人，他们是生活在西伯利亚大铁路沿线城镇的孩子和大人。我们请他们聊聊自己生活的地方：应该去哪里走走，哪里有最好的风景，城市里有趣的地方或景点，他们的方言和美食，他们知道的关于火车站的历史。很多人的父母或其他亲人在这条铁路上工作，我们也很愿意采访他们，所以书里也有火车司机、列车员、信号员、餐车服务员的亲口讲述或亲身经历。有一个孩子正在培养铁路员工的学校里读书！在两年的时间里，大家寄来了他们的自述、访谈和照片。我们的“情报员”长大了两岁，这本书也在成长。书中收录了38个车站，但这还不到西伯利亚大铁路146个车站的三分之一！你们可以在每个车站的“当地人说”栏目中了解我们的旅伴与帮手。

本书根据地理位置把这条线路分为四个部分：东欧平原与乌拉尔山脉、西西伯利亚、东西伯利亚和远东（本书的“远东”指俄罗斯境内的远东地区——编者注）。每一部分的开头都列有我们所停留车站的名称、给旅行者的建议以及对该地区的整体介绍。莫斯科是西伯利亚大铁路的零公里起点，其余每个车站页面的最上方都标注着该车站与莫斯科之间的铁路里程距离，读者还可以了解到火车在该车站的停留时间、该城镇的人口数量（过去几年里有些地方的人口增加了，有些则可能减少了）、一月与七月的平均气温、在UTC（协调世界时）中所处的时区。

然而这次旅行中最重要的不是数字和日期。我们能够了解许多有趣的知识，了解那些或远或近的时代、或大或小的城市及其风俗与景点，我们借着旅伴与帮手的眼睛能够欣赏古老的建筑、各式各样的水塔以及河流与高山，我们还拥有来自俄罗斯各地的许多朋友。“每一次出行都是探索边界之旅，俄罗斯并不局限于我们所生活的地方。”维克多·科诺瓦连科这样写道，他是位列车员，来自达拉孙车站的阿琳娜是他的女儿。

你们诚挚的著者和绘者

西伯利亚大铁路上的水塔

快去书里找找吧！

科斯特罗马州
风光

东欧平原与乌拉尔山脉

莫斯科雅罗斯拉夫尔站

雅罗斯拉夫尔客运站

涅列赫塔站

科斯特罗马新站

加利奇站

科捷利尼奇Ⅰ号站

给旅行者的建议

卫生间

如果车厢里配备的是新式卫生间，那么随时可以使用；老式卫生间则在某些铁路区段禁用——列车员会用钥匙把门锁上，直到火车离开该区段后再把门打开。持火车票可以在经停站和终点站免费使用车站卫生间。

如何洗澡

火车上有浴室就可以洗澡。有时列车员会提供淋浴，可以在卫生间里站着洗澡，水直接流到地上。这项服务是收费的。你也可以在停靠时间较长的车站的浴室里洗澡。

格拉佐夫站　　昆古尔站

基洛夫客运站　　彼尔姆2号站　　叶卡捷琳堡客运站

拖鞋

如何与列车员打交道

- 从列车员那里买几张彩票，这样她就会喜欢你。
- 列车员的车厢里有微波炉和冰箱——可以拜托他们加热或冷藏食物。
- 如果你在上铺，可以找列车员要免费的安全带，还可以借用适合小孩的拉链吊床。

必备物品

适合在火车上玩的桌游。

用奇趣蛋的蛋壳装一些糖和盐。

湿纸巾

卫生洗漱用品

装热水用的带盖水杯

低电压情况下也可以使用的手机充电器

乌拉尔山脉将俄罗斯分成两个部分，西边是欧洲部分，东边则是亚洲部分。

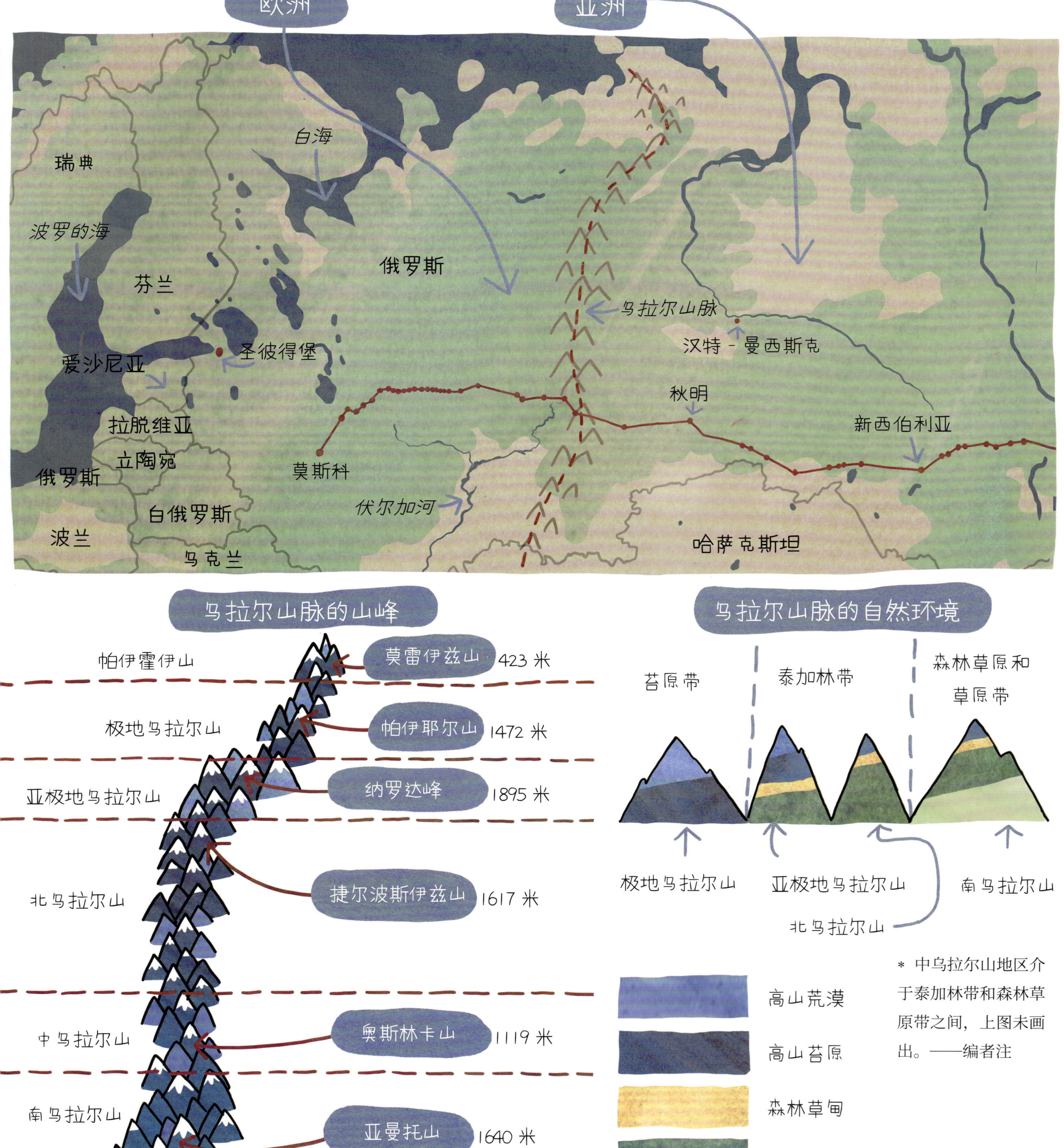

* 中乌拉尔山地区介于泰加林带和森林草原带之间，上图未画出。——编者注

众所周知，

所有的城市，

都从火车站开始……

——奥列格·舍甫琴科

乌拉尔山脉由北冰洋向南绵延两千多公里。它的东部山麓是欧洲和亚洲之间的分界线。山脉以西则是广阔的东欧平原——几乎包括俄罗斯的整个欧洲部分，还包括芬兰、爱沙尼亚、拉脱维亚、立陶宛、白俄罗斯、乌克兰、摩尔多瓦等国。

从行政区划上来说，俄罗斯的欧洲部分包括西北联邦区、中部联邦区、伏尔加河流域联邦区、南部联邦区与乌拉尔联邦区的一部分。

欧洲的终点和亚洲的起点在哪里？这是一个难题。在《旅行札记》（1839 年）中，作家梅利尼科夫-彼切尔斯基认为彼尔姆属于亚洲：“这里的人热情、好客、善良……彼尔姆不爱忌妒：它自认胜过所有城市，坚定地拥护自己的一切。彼尔姆是一个俄罗斯式的中国……”

东欧平原是一片交替起伏的高地与低地，被密集幽深的沟壑与山谷分割开来。由东向西，从布古利马-别列别伊高地过渡到地势较低的外伏尔加河地区，再从伏尔加高地到奥卡-顿河低地，最终来到沟壑遍地的中俄罗斯高地。北部更好地保留了古代冰川作用的遗迹，那里同样是绵延起伏的高地与洼地，包括斯摩棱斯克-莫斯科高地、维亚特卡垄岗等等。俄罗斯的海拔最低点位于欧洲部分的里海盆地，海拔 -27 米。东欧平原的最高点则位于瓦尔代高地，海拔 343 米。

俄罗斯的欧洲部分属于温带大陆性气候，这里有着丰富的自然景观——从北方的苔原到南部的沙漠。这里流淌着欧洲最大的河流——长达 3530 公里的伏尔加河。

这里的动植物种类丰富多样，但这片土地早已被人类所改造，它在几千年的农业开垦与几百年的工业开发以后发生了极大的变化。俄罗斯欧洲部分的森林草原与草原被开垦程度达到 60%~70%，也就是说这里的自然植被遭到破坏，动物栖息地也急剧减少。小型河流与湖泊污染程度较重，大型河流与水库还面临着未充分处理的工业废水问题。

这里是俄罗斯人口密度最高的地区。如果说远东城市年纪尚轻，西伯利亚城市年龄稍长，那么俄罗斯最古老的城市就坐落在它的欧洲部分。2021 年，雅罗斯拉夫尔市（建于 1010 年）度过了自己 1011 岁的生日，莫斯科 874 岁，科斯特罗马 869 岁，加利奇 862 岁，涅列赫塔 807 岁。

其中几座城市为它们共同的缔造之父感到骄傲：大公“长手”尤里于 12 世纪建立了莫斯科、科斯特罗马和加利奇！起码当地传说是这样讲述的。叶卡捷琳堡和彼尔姆的奠基者则是工程师和历史学家瓦西里·尼基季奇·塔季谢夫（1686—1750 年）。他曾在乌拉尔从事采矿业工作，并管理国营工厂。在彼尔姆和叶卡捷琳堡有两座外观相同的火车站：早在西伯利亚大铁路修建以前，从叶卡捷琳堡到彼尔姆就已经通了铁路。叶卡捷琳堡的老火车站是根据建筑师彼得·施莱伯的标准设计方案修建的，在铁路另一端的彼尔姆有一个惊喜正等待着旅客们，那就是孪生车站！

首都莫斯科是俄罗斯人口最多的城市。**西伯利亚大铁路从这里出发，零公里地标就坐落在莫斯科雅罗斯拉夫尔火车站的铁轨旁。**铁路线上每一座城市的人都认为自己的城市最重要。比如在昆古尔市的瑟尔瓦河堤岸上有一座名为“地球肚脐”的雕塑，它是由花岗岩制成的半球体，连接着七条不同方向的道路。当地人认为地球的中心就是昆古尔！科斯特罗马人则逗趣地说，“长手”尤里先建立了莫斯科，五年以后他改了主意，于是又修建了一座更好的城市——科斯特罗马。

最自信的还要数维亚特卡人，他们才是自夸和自嘲的大师！难怪俗话说“上帝创造了世界，而魔鬼创造了维亚特卡”。谁没听过关于维亚特卡人的俗语呢？

维亚特卡有自己的规矩。

维亚特卡人都是懒汉：七个坐在草垛上，一个站在下面递，上面的还要喊：“别再堆啦！”

维亚特卡人都是懒汉：七个人挣不出一个人吃的。

维亚特卡人都是滑头：七对一就不怕，一对一要啥给啥。

莫斯科雅罗斯拉夫尔站
（莫斯科市）
一月 -6℃
七月 24℃
1250 万人
东三区
“清水塘、波克洛夫卡街、马洛谢伊卡街和斯列坚卡街附近的庭院是我在莫斯科最喜欢的地方。本地的老住户们不习惯‘走大街’——以前他们可以在院子中间穿行，但现在很多地方都被栅栏围起来了。”
——亚历山德拉·利特维娜
“我最喜欢六月初的莫斯科。整个城市都飘着杨絮，天气很热，路上却仿佛下过雪一般。”
——阿尼娅·杰斯尼茨卡娅
每天大约有 360 万辆汽车行驶在莫斯科的路面上。2017 年莫斯科的人均堵车时间是 91 个小时。
天气暖和的时候很多莫斯科人会乘滑板车出行。
印刷工巷 6 号院

当地人说

亚历山德拉·利特维娜 | 本书著者

“我常常感到我们呼吸的不是空气，而是空气中蕴含的历史，到处都是历史。它就藏在街道的名字里，在房屋正门的文字与装饰里。”

阿尼娅·杰斯尼英卡娅 | 本书绘者

“莫斯科是一个快节奏的城市，经历过它的节奏以后很难再适应其他地方。但我喜欢莫斯科安静下来的时候，比如新年夜里白雪覆盖、空无一人的街道，或是在城市的喧嚣中突然走入一个安静明亮的院落。”

莫斯科建于 1147 年，俄罗斯人会在九月的第一个双休日为首都庆祝生日。克里姆林宫是莫斯科最古老的建筑之一，它就矗立在博罗维茨基山上。你可以跟团参观克里姆林宫，也可以自行观赏其中的教堂和奇珍异宝。最初的围墙是木制的，后来换成了白色石头，我们现在看见的围墙和塔楼则修建于 15 世纪，当时的莫斯科已经成为都城，建筑师是来自意大利的亚里士多德·菲奥拉万蒂和彼得罗·索拉里，后来这些建筑又进行了增建。克里姆林宫的历史就是莫斯科的历史。它曾多次遭到围攻、焚烧和轰炸，苏联卫国战争（1941—1945 年）期间，克里姆林宫通过伪装躲过了敌机的空袭。彼得一世在位时曾将首都迁往圣彼得堡，直到 1918 年莫斯科重新成为首都，政府又从彼得格勒（即圣彼得堡）搬到了克里姆林宫。直到现在，新闻播报仍用“克里姆林宫”来指代俄罗斯政府。1947 年，人们庆祝莫斯科建城 800 周年，并且修建了七座类似纽约摩天大楼的高层建筑。其中一座在共青团广场上就能看见，它就是列宁格勒酒店。

莫斯科建筑

瑟京府邸

1812 年拿破仑的军队占领了这座古都，这些建筑在当时的大火中幸免于难。

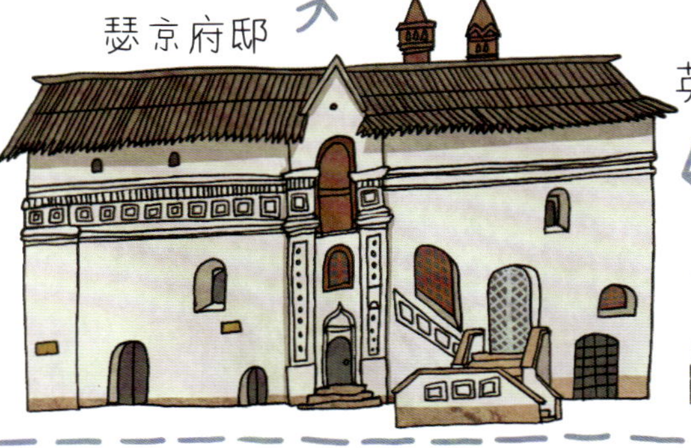

英式庭院

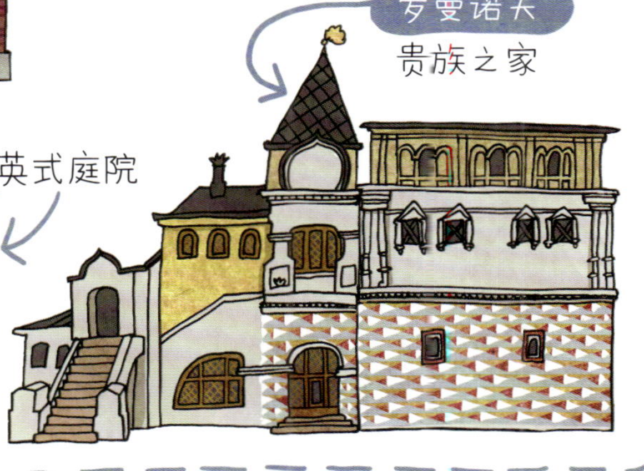

罗曼诺夫贵族之家

莫斯科雅罗斯拉夫尔火车站

该火车站于 1862 年投入使用。20 世纪初著名建筑师费奥多·舍赫特尔将其设计改造成民族浪漫主义风格。车站内外均饰有陶土壁画以及海象、鱼类和驯鹿图案的浮雕。

西伯利亚大铁路的零公里地标就位于该车站长途列车线路的起点处。

莫斯科的博物馆

亚历山德拉的推荐：位于红场上的俄罗斯国立历史博物馆，还有普希金造型艺术博物馆。后者的埃及展厅里有真正的木乃伊，还有长着翅膀的古巴比伦半牛怪舍杜把守入口。

阿尼娅的推荐：莫斯科古生物博物馆——那里有近 30 米长的梁龙骨骼复制品！

莫斯科的食物

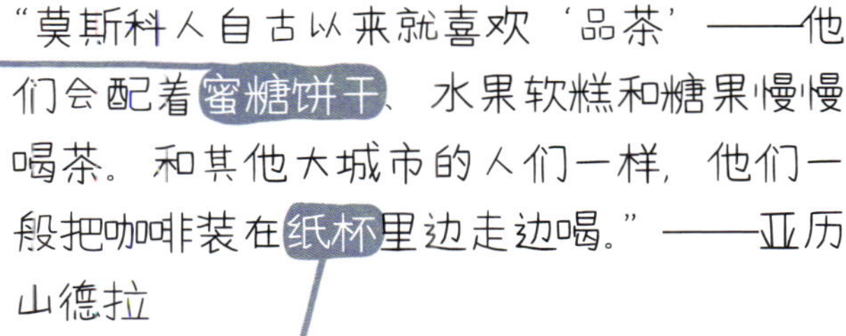

“莫斯科人自古以来就喜欢‘品茶’——他们会配着蜜糖饼干、水果软糕和糖果慢慢喝茶。和其他大城市的人们一样，他们一般把咖啡装在纸杯里边走边喝。”——亚历山德拉

“我喜欢‘小土豆’快餐店。把一颗巨大的烤土豆切成两半，将土豆泥和黄油奶酪搅拌均匀，再加上喜欢的馅料。我最喜欢的馅料是茴香羊奶酪。”——阿尼娅

克鲁泡特金地铁站

地下之旅

莫斯科第一条地铁线开通于 1935 年。地铁站是值得参观的地下建筑，这里有雕塑、壁画、镶嵌画，还有矿物和化石！就算时间不多也要选几个地铁站游览一下，比如马雅可夫斯基站和克鲁泡特金站。

常用俄语

如果你不会说俄语，旅途中你可以把下面的话指给俄罗斯人看。

Я НЕ ГОВОРЮ ПО-РУССКИ.

我不会说俄语。

雅罗斯拉夫尔客运站

（雅罗斯拉夫尔市）

距莫斯科 280 公里　609828 人

东三区
停车 5 分钟
一月 -8℃
七月 25℃

这片土地在石器时代已有人类居住，离市区不远的地方坐落着存在于 9—11 世纪的季米廖夫村，考古学家对它进行发掘，发现了阿拉伯银币、饰品、武器、珍贵的丝绸残片以及刻有古代文字的棋子。雅罗斯拉夫尔是俄罗斯最古老的城市之一。11 世纪，大公“智者”雅罗斯拉夫在伏尔加河与科托罗斯尔河交汇处的三面河岸上建立了这座城市，2010 年市民们庆祝它建城一千周年！按照惯例，人们会在 8 月 21 日，也就是托尔加节这天为城市庆生。1238 年，蒙古人摧毁了雅罗斯拉夫尔，当时城里已经有石制的教堂和修道院。15 世纪，雅罗斯拉夫尔被并入统一的莫斯科大公国。混乱时期（1598—1613 年）以后，雅罗斯拉夫尔是仅次于莫斯科和喀山的第三大手工业与贸易中心，18—20 世纪这里则是工业中心。十月革命以后市中心安装了排水系统，进入 21 世纪以后建造了动物园和横跨伏尔加河的纪念日大桥。雅罗斯拉夫尔是俄罗斯“金环”旅游线路上的城市之一。

当地人说

谢尔盖·拉扎连科，11 岁

他在雅罗斯拉夫尔只住了一年，但已经熟悉并且爱上了这座城市。

“我搬过来以后，他们热情地接纳了我。雅罗斯拉夫尔人都非常友善和真诚。”

“我喜欢城市里的美丽堤岸，尤其是科托罗斯尔河流入伏尔加河的地方。这个叫箭滩的地方修建了漂亮的公园，里面有音乐喷泉和小熊市徽形状的花坛。”

雅罗斯拉夫尔的地名

州立医院旁边有两个池塘，一个叫黄瓜池塘，一个叫西红柿池塘。

常用俄语

1. ДОБРЫЙ ДЕНЬ!
   您好！（可以用来在任何场合、对任何人打招呼。）
2. ПРИВЕТ!
   你好！（不太正式的表达，一般用来对同龄人或比自己小的人打招呼。）
3. ДО СВИДАНИЯ!
   再见！

雅罗斯拉夫尔保留了 17 世纪的教堂以及堡垒围墙上的两座塔楼，市中心区域被联合国教科文组织评定为世界文化遗产。

雅罗斯拉夫尔位于两条河流——伏尔加河和科托罗斯尔河的交汇处。在彼得一世迁都以前，人们沿着河道将货物运到阿尔汉格尔斯克，然后卖给英国商人。

圣母升天大教堂

救世主教堂

天使长米迦勒教堂

←伏尔加河在那边。

雅罗斯拉夫尔

涅列赫塔站

（涅列赫塔市）

距莫斯科 330 公里

停车 3 分钟

21404 人

东三区

一月 -8℃

七月 26℃

涅列赫塔距科斯特罗马 46 公里，距雅罗斯拉夫尔 50 公里，从这里坐火车到莫斯科需要 5 个小时。涅列赫塔是一座河滨城市。此地居住点的最早记载见于 13 世纪，2014 年涅列赫塔度过了自己的 800 岁生日。18 世纪以前，当地人主要靠煮盐谋生，后来人们通过贸易富裕起来，这里每年都要举办几次集市。涅列赫塔是“小金环”旅游路线的一部分，这里保留了不少古代遗迹，但可惜游客并不多。这里的西伯利亚大铁路火车站点设立于 1887 年。

当地人说

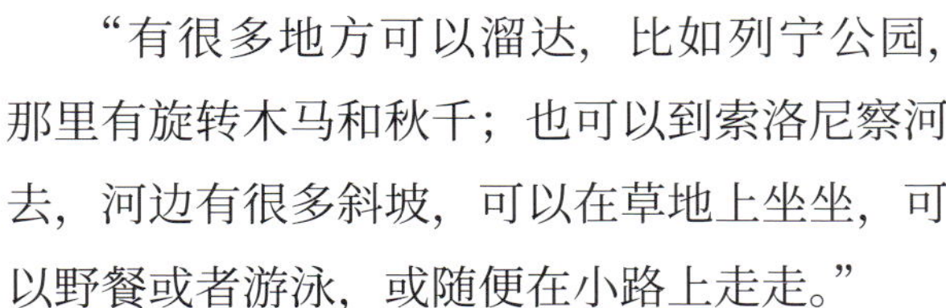

卓雅·伊格纳托娃，29 岁

“有很多地方可以溜达，比如列宁公园，那里有旋转木马和秋千；也可以到索洛尼察河去，河边有很多斜坡，可以在草地上坐坐，可以野餐或者游泳，或随便在小路上走走。”

这里是伊丽莎白·季亚科诺娃（1874—1902 年）的诞生地，她是俄国最早的女权主义者之一。伊丽莎白从 11 岁就开始写日记，她的弟弟在她去世后将这些日记结集出版，取名为《一个俄国女人的日记》。伊丽莎白曾就读于圣彼得堡的别斯图热夫女子学院，她想成为一名律师，但这对当时的俄国女性来说是不可能的。随后她前往巴黎，考入索邦大学，却不幸逝世于奥地利的山间。伊丽莎白被埋葬在涅列赫塔。她的故居现在是青年创作之家，人们可以入内参观。

伊丽莎白·季亚科诺娃

涅列赫塔的味道

市中心有一家面包厂，里面总是飘出面包的香味儿。

牧笛

——一种古老的吹奏乐器。

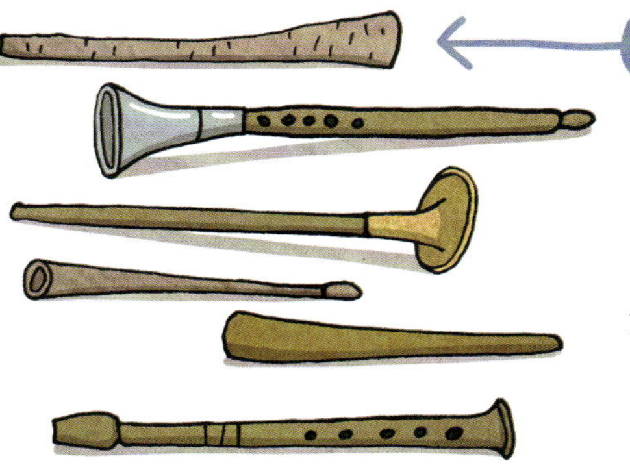

“我们的牧笛乐队闻名俄罗斯。涅列赫塔的牧笛演奏家们在许多城市进行演出，他们保护了俄罗斯的传统音乐。”

常用俄语

这几句话你会经常用到。

1. ДА./НЕТ.
   是。/ 不是。
2. ПОЖАЛУЙСТА. СПАСИБО.
   劳驾。谢谢。

主显圣容修道院

主显节教堂

科托罗斯尔河

喀山圣母钟楼

科斯特罗马新站

（科斯特罗马市）　距莫斯科 376 公里　东三区

一月 -8℃
七月 23℃
停车 52 分钟
276064 人

当地人说

奥克萨娜·叶夫列莫娃，35 岁

“我们的城市几乎和莫斯科一样古老，人们总是逗趣地说，‘长手’尤里先建立了莫斯科，五年以后他改了主意，于是又修建了一座更好的城市——科斯特罗马。”

瓦利娅·索斯宁娜，12 岁

“雪姑娘就住在我们这里。她是圣诞老人的孙女！”

伊万·津姆尼亚科夫，16 岁

“我住在一座 20 世纪 30 年代的老房子里，它是用修道院拆下来的砖盖的。窗外可以看到对面的长廊商场，从我的房间还能看到集市的至恩救主教堂。我们对面的长廊商场里就是中央市场，我们常去那里买吃的，比如乡下的牛奶、奶酪、面包和鸡蛋。”

科斯特罗马也是西伯利亚大铁路上的一座古城，据说“长手”尤里在公元 12 世纪建造了这座城市。它坐落在科斯特罗马河与伏尔加河交汇处。这是一座河港城市，市徽上还绘有“特维尔”号大桡战船，叶卡捷琳娜二世来科斯特罗马时曾经乘坐过它。这里起初是科斯特罗马公国的都城，后于 14 世纪并入莫斯科大公国。在混乱时期它曾两次被波兰军队占领，后来科斯特罗马人加入了米宁和巴扎尔斯基的民兵队伍。1613 年，年轻的米哈伊尔·罗曼诺夫正是在科斯特罗马被指定为皇位继承人——这一天就是罗曼诺夫王朝统治的开端。在 18 世纪和 19 世纪，科斯特罗马成了亚麻之都。这里众多工厂中的一个属于商人特列季亚科夫兄弟，帕维尔·米哈伊洛维奇·特列季亚科夫将工厂的收益用于画作收藏，并最终开设了莫斯科著名的特列季亚科夫美术馆。1913 年在科斯特罗马举行了盛大的罗曼诺夫宫 300 周年纪念活动，值此之际修建了罗曼诺夫博物馆和罗曼诺夫王朝 300 周年纪念碑。

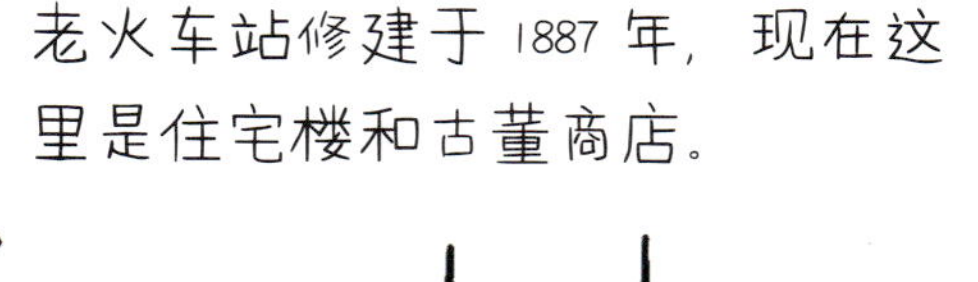

老火车站修建于 1887 年，现在这里是住宅楼和古董商店。

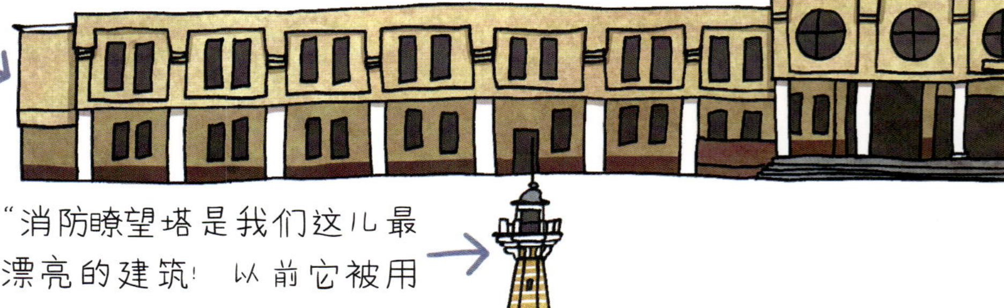

具有结构主义建筑风格的新火车站修建于 1932 年。

“献给沙皇的生命”——伊万·苏萨宁的故事

1613 年，年仅 16 岁的米哈伊尔·罗曼诺夫被选为下一任沙皇。他在伊帕季耶夫修道院会见了来自莫斯科的使团。米哈伊尔从科斯特罗马出发，经雅罗斯拉夫尔前往莫斯科举行加冕仪式。农民伊万·苏萨宁也是在这里完成了他的英勇壮举：他给搜寻米哈伊尔·罗曼诺夫的波兰人指了一条错路，把他们带到一片沼泽地，波兰人最终葬身此处。

伊万·苏萨宁

米哈伊尔·罗曼诺夫

“消防瞭望塔是我们这儿最漂亮的建筑！以前它被用来进行火灾监测，现在则供游客和我们观赏。”——奥克萨娜

这座城市里还生活着诗人和国际象棋教练亚历山大·布格罗夫，大家都叫他山·山内奇。他不光极其善良，还是科斯特罗马最博学多闻的人之一。他会阅读所有新书，然后从里面发掘真正的珍珠。如果你在路上遇见山·山内奇，他要么请你吃糖果，要么请你看书。他说自己赚的钱都用来买书和糖果了。

科斯特罗马的美味特产：科斯特罗马奶酪！

常用俄语

1. ГДЕ ТУАЛЕТ?
   洗手间在哪里？
2. КОГДА ОТПРАВЛЯЕТСЯ ПОЕЗД?
   火车什么时候开？

加利奇站（加利奇市）

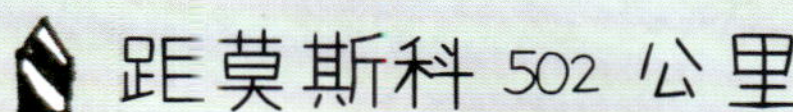

距莫斯科 502 公里

停车 40 分钟

16922 人

东三区

一月 -8℃

七月 25℃

当地人说

安娜·克罗德金娜，12 岁

“我最喜欢的地方是加利奇湖，它能使人兴奋，也能使人平静。”

柳博芙·沃罗金娜，31 岁

“这里最大的工业企业是加利奇起重机厂，已经开了 70 多年。”

加利亚·库德亚绍娃，8 岁

“我最喜欢的地方是巴尔丘格山。要走好多好多台阶才能爬上去。冬天可以用滑雪板和滑雪圈从山上滑下来。”

维多利亚·加列娃，8 岁

“我最喜欢的地方是我们的湖。还有站前路，因为我住在这里，我家是一座普通的单层小木屋。”

这是一座位于加利奇湖畔的古城。据说它是“长手”尤里于 1159 年建立的。考古学家在巴尔丘格山上找到了从前的古城遗迹，那些尤里时代的小村落如今只剩下一些土堆。1246 年加利奇成为加利奇公国的都城，15 世纪时归附莫斯科大公国。加利奇火车站于 1906 年开始修建。西伯利亚大铁路如今从这里穿行而过：莫斯科—雅罗斯拉夫尔—加利奇—基洛夫—符拉迪沃斯托克（海参崴）。附近有座城市的名字和它非常相似——索利加利奇，它也位于科斯特罗马州。还有一座城市也叫加利奇，但它在乌克兰，是曾经的加利西亚-沃伦公国的首都。关于乌克兰的加利奇的最早记载同样见于 12 世纪的史书中。为了不把它们弄混，史学家将南部乌克兰的加利奇称为沃伦加利奇，北部俄罗斯的则是梅利亚加利奇，因为它所在的土地属于芬兰-乌戈尔人的梅利亚人部落。

市里有很多木制建筑，它们经常着火。为了消除火灾，加利奇市于 1908 年成立了志愿救火队——城市和近郊的大火都被志愿消防员扑灭了。

加利奇湖

这是科斯特罗马州最大的湖泊，东西长 17 公里，深度达到 3.5 米。传说湖底埋有宝藏，加利奇的最后一位大公德米特里·舍米亚卡和他的弟弟将抢来的财宝沉入了湖中。要得到宝藏就必须献祭“12 个男人和 12 匹公马”。据说一位领主原本下定了决心要得到宝藏，但当马匹和人快被湖水浸没时，他突然起了恻隐之心，于是终止了这次行动，并诅咒了这批宝藏。

“我最喜欢的街道是体育路，因为我的好朋友住在那里。那儿还有一座旧工厂，它的红砖楼很漂亮。”——加利亚

科捷利尼奇 1 号站

（科捷利尼奇市）

距莫斯科 871 公里
停车 2 分钟
23682 人
东三区
一月 -11℃
七月 24℃

当地人说

戈尔杰伊·尼库林斯基，8 岁

他平时住在雅罗斯拉夫尔，有时会来科捷利尼奇看爷爷奶奶。

“到了夜里，火车的汽笛声和车轮的咔嗒声几乎传遍整个城市——这是河水反射的回声。”

阿利萨·戈特尔特，10 岁，
还有她的妈妈尤利娅

“我们很喜欢科捷利尼奇，但我们不住在这里，只是每年从比什凯克到这里看望外婆。要坐三天的火车。火车先在吉尔吉斯斯坦行驶一段，窗外都是山峦；然后在哈萨克斯坦行驶一天多，那里到处都是草原；然后窗外开始出现森林草原、森林、田野、草地、河流和小木屋。我们开始坐立不安地等待：先到达基洛夫，一个小时以后会经过维亚特卡河大桥，然后就到站了！”

这座城市位于维亚特卡河畔，从这里沿铁路到基洛夫有 87 公里。1181 年，一些诺夫哥罗德人在这里定居下来，1459 年，科捷利尼奇第一次作为城市出现在编年史中。据说它的名字来自“锅”这个词，因为它位于盆地之中，1781 年以后的市徽里都绘有一口金色的锅。科捷利尼奇位于一条重要的贸易河道之上，这条河道将如今的基洛夫与阿尔汉格尔斯克以及伏尔加河流域连接起来。过去，这条运输通道穿过科捷利尼奇通向西伯利亚。从 18 世纪开始，每年三月科捷利尼奇都会举办著名的阿列克谢耶夫集市，人们在这里交易布匹、蜂蜜、马匹、种子、茶叶和蜜糖饼干。20 世纪初，这里修建了一座横跨维亚特卡河的单轨铁路桥，而科捷利尼奇火车站直到 1905 年才出现。起初仅有一条连接维亚特卡（如今的基洛夫）与圣彼得堡的铁路支线，直到 1920 年这座火车站才成为西伯利亚大铁路的一部分。1926 年，科捷利尼奇几乎被大火烧光，但木制火车站却逃过一劫，直到 2005 年市里才修建了全新的砖墙车站。

常用俄语

1. ВОТ МОЙ БИЛЕТ!　这是我的票！
2. ЭТО МОЕ МЕСТО!　这是我的位置！

“科捷利尼奇的市中心位于地势较高的维亚特卡河右岸。离河最近的是苏维埃街。这条街上几乎没有新修的建筑，仿佛 1926 年经历火灾并重建以后就没有任何变化。市中心有很多房子的第一层都是石制的，第二层才是木制的。”——阿利萨

木制二层

维亚特卡河在那边。

苏维埃街

基洛夫客运站

（基洛夫市）

东三区

一月 -11℃

51295 人

七月 24℃

当地人说

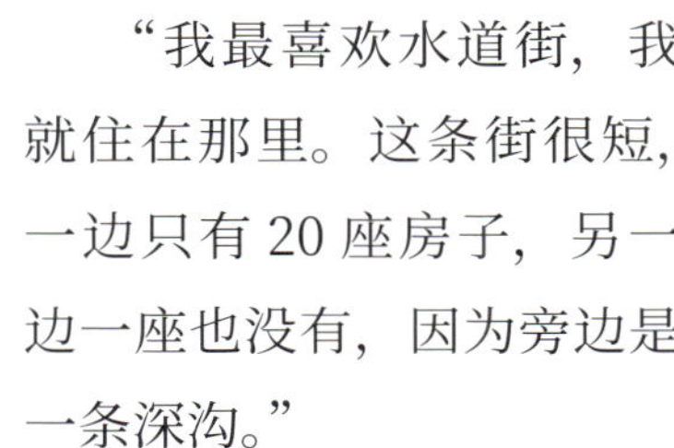

沃瓦·加加拉，9 岁

“我最喜欢水道街，我就住在那里。这条街很短，一边只有 20 座房子，另一边一座也没有，因为旁边是一条深沟。”

这座位于维亚特卡河畔的城市起初就叫维亚特卡，1457—1780 年更名为赫雷诺夫，后来又改回维亚特卡，1934 年为了纪念谢尔盖·基洛夫才采用了现在的名称。据史书记载，诺夫哥罗德人于 12 世纪来到了这片土地，他们先建立了科捷利尼奇，然后建立了维亚特卡。在“鞑靼-蒙古人的桎梏”时期，维亚特卡始终保持独立，而且维亚特卡和诺夫哥罗德一样不由王公统治，而是成立了被称作“维彻”的市民议会。直到 20 世纪初，每年春天这里都会纪念 15 世纪初维亚特卡人与大乌斯秋格人之间的战争。这个节日被称作口哨节或口哨舞蹈节，节日期间会举办集市和民间庆祝活动。20 世纪基洛夫成为大型工业中心，苏联家庭主妇的梦想——“维亚特卡”牌洗衣机就是它的产品之一。

“我最喜欢的地方是维亚特卡河的河堤。那里很漂亮，可以散步或骑车。从那里可以看到美丽的河流、特里丰诺夫修道院和主显圣容修道院。”

据说，从前维亚特卡郊区的德姆科沃小镇会在口哨节来临前制作黏土玩具。基洛夫有一座德姆科沃玩具博物馆。

维亚特卡的哥特式建筑

一定要去参观位于列宁大街的布雷乔夫宅邸，它建于 1911 年。这不仅是一座哥特-摩尔风格的神奇城堡，里面还配备了当时最先进的技术成果：电灯、电梯、电话。现在宅邸已经禁止入内参观，因为它属于联邦安全局。布雷乔夫的宅邸是由建筑师伊万·阿波罗诺维奇·恰鲁申设计的，他是儿童文学作家、画家叶甫盖尼·恰鲁申的父亲。

植物园

草原樱桃

窄叶芍药

可以去植物园看看，它是当地人阿列克谢·伊斯托明于 1912—1914 年修建的。在这里可以见到基洛夫州红皮书中收录的植物：窄叶芍药、草原樱桃以及其他稀有植物种类。

维亚特卡的传说

据说，错综复杂的地下通道将各个修道院和主教宅邸连接起来。通道从河底一直延伸到河对岸的城市底下。

火车要停多久？

常用俄语

1. СКОЛЬКО МИНУТ СТОИМ?
   火车要停多久？
2. ДУШ.
   淋浴间。

格拉佐夫站（格拉佐夫市）

距莫斯科 1166 公里

停车 3 分钟

93628 人

东四区

一月 -11℃

七月 23℃

当地人说

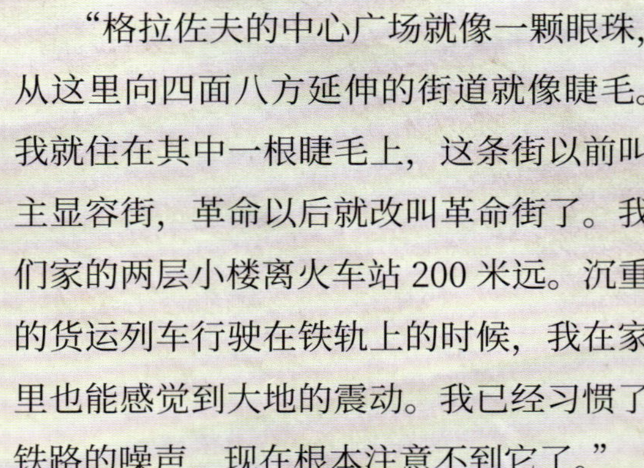

塔雅·费菲洛娃，8 岁

“格拉佐夫的中心广场就像一颗眼珠，从这里向四面八方延伸的街道就像睫毛。我就住在其中一根睫毛上，这条街以前叫主显容街，革命以后就改叫革命街了。我们家的两层小楼离火车站 200 米远。沉重的货运列车行驶在铁轨上的时候，我在家里也能感觉到大地的震动。我已经习惯了铁路的噪声，现在根本注意不到它了。”

这座城市属于俄罗斯联邦的乌德穆尔特共和国，它位于基洛夫和彼尔姆之间，在切普查河左岸。据记载，1678 年，这里第一次出现了村庄，1780 年，建立了格拉佐夫市。关于城市名字的来历有很多说法，但不知道哪一个才是真的。19 世纪，格拉佐夫进行了统一规划——7 条街道从河岸边的中心广场辐射出去。广场上曾经矗立着一座石制的主显容大教堂，但教堂在 20 世纪 60 年代被拆除。现在的这座教堂是在原址旁边重建的。从 19 世纪中叶开始，格拉佐夫成为该地区的商贸中心，但它仍然是一个小城市，房子只有一到两层，而且大都为木制。1896 年，西伯利亚大铁路的格拉佐夫火车站正式开通。苏联卫国战争以后格拉佐夫迅速发展起来，20 世纪 60 年代，这里出现了第一批九层高楼。如今的格拉佐夫是乌德穆尔特共和国的大型工业中心。许多居民——也就是格拉佐夫人，在生产核燃料的切普查机械厂工作。

格拉佐夫的美食

“烤饼就是开口的奶渣饼，我很喜欢吃，它就像迷你比萨。烤饼有很多种馅，比如蘑菇或蔬菜，但我最喜欢肉馅的。碎肉馅儿饼就是一种加了肉馅的小饼。”

碎肉馅儿饼

烤饼

1879 年，弗拉基米尔·柯罗连科和弟弟被流放至此，他在这里度过了几个月的时光。1895 年，柯罗连科参与了“摩尔坦村祭祀案”，来自老摩尔坦村的乌德穆尔特人被控告用宗教仪式杀人，柯罗连科作为辩护人为他们洗清了罪名。格拉佐夫人至今仍在纪念柯罗连科，这里有以他的名字命名的大学、图书馆和街道。

弗拉基米尔·柯罗连科

请在本页找到 4 个眼睛图案！

“‘林荫道’咖啡馆是我最喜欢的咖啡馆，我妈妈是那里的经理，所以我认识那里的所有人，他们也都认识我。如果我散步的时候顺便去一趟‘林荫道’，他们会请我吃巧克力奶昔。”

高尔基公园

公园路

彼尔姆 2 号站
（彼尔姆市）

距莫斯科 1438 公里
停车 20 分钟
1053934 人
东五区
一月 -12℃
七月 22℃

当地人说

丹尼尔·巴尔苏科夫，8 岁

“我们的城市很大，它沿着宽阔的卡马河河岸绵延整整 60 公里，而宽度只有 5~6 公里。老城区的房子都不高，但很漂亮，人们可以在剧院旁的花园里跑步，捡树上掉落的松果。”

尼基塔·图古莫夫，8 岁

“我的曾祖父和外曾祖父都在铁路上工作过：一个是驾驶内燃机车的司机，另一个是测量队队长。他们住在铁路旁的一幢五层楼房里。”

早在石器时代已有人定居在卡马河流域的乌拉尔西坡地区。彼尔姆北边是泰加林，南边则是森林草原。17 世纪时，这片土地是斯特罗加诺夫商人家族的世袭领地，彼尔姆所在的地方当时只有几个村庄。1723 年，彼得一世下令在叶戈希哈村修建一座炼铜厂——人们认为这就是彼尔姆建城的日期。西伯利亚大道（又叫莫斯科大道或“镣铐之路”）曾经从工厂所在的村落穿过。彼尔姆成为矿业和制盐业的中心，所以当地人被叫作“咸耳朵的彼尔姆人”。19 世纪时，彼尔姆是一个横跨乌拉尔山脉的大省的省会。19 世纪末，随着铁路的出现，彼尔姆不断扩大。1940 年，为了纪念维亚切斯拉夫·莫洛托夫，彼尔姆更名为莫洛托夫，但 1957 年改回原名。现在的彼尔姆是一个大型工业中心，也是乌拉尔地区最大的城市。

圣徒木雕像

来到彼尔姆一定要看看圣徒木雕——彼尔姆神像。它们就保存在当地主显圣容大教堂里的彼尔姆美术馆中。

二叠纪的生物

1840 年，英国地质学家罗德里克·默奇森在彼尔姆附近发现了带有化石的古代地层，这个新发现的地质时代便以彼尔姆来命名！在彼尔姆古生物博物馆可以见到鳞甲类生物的骨架。

“我最喜欢的地方是西伯利亚大街。它是我们市里最古老的街道之一。这条街上有彼尔姆古生物博物馆、漂亮的歌剧和芭蕾舞剧院、有好多温顺鸽子的剧院公园。在大街的尽头可以看到卡马河。”——尼基塔

宇航员公路

1965 年 3 月 19 日，宇航员阿列克谢·列昂诺夫和巴威尔·别列亚耶夫乘坐的返回舱在距离彼尔姆 180 公里处降落。在这次顺利完成的宇宙航行期间，人类实现了第一次太空行走！为了纪念这一事件，列昂诺夫和别列亚耶夫从降落点前往彼尔姆途经的公路被叫作宇航员公路。

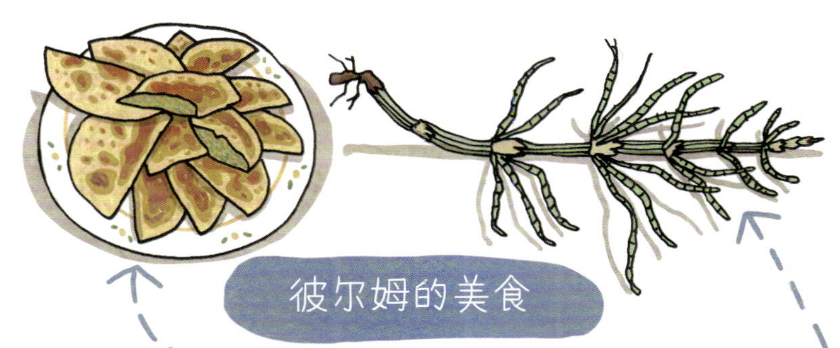

彼尔姆的美食

彼尔姆人会用一种叫比斯基克的植物嫩芽做馅儿饼，它的味道和鸡肝饼很像。据说，这种馅儿饼在艰难时期拯救了许多人的性命，使他们免于饿死。科米-彼尔米亚克自治区的人把这种嫩芽叫作别斯基克，它也叫问荆草。

常用俄语

1. Я ОПЛАТИЛ БЕЛЬЕ!
   我付过床单被罩的钱！
2. ПОМОГИТЕ ОПУСТИТЬ/ПОДНЯТЬ ПОЛКУ.
   请帮我把床铺放下来 / 抬上去。

昆古尔站

（昆古尔市）

距莫斯科 1539 公里

停车 5 分钟

65284 人

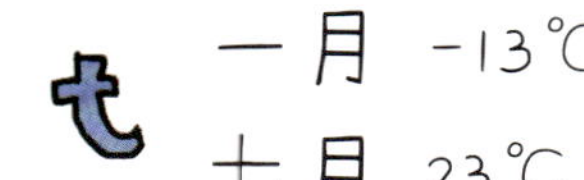

东五区

一月 -13℃

七月 23℃

17 世纪中期，人们在昆古尔河与伊连河交汇处修建了一座堡垒。一些移民从彼尔姆边疆区的古城切尔登和索利卡姆斯克来到这里定居。1662 年，为了抵制征收牙萨克——毛皮税，巴什基尔人奋起反抗，在起义过程中昆古尔的堡垒遭到破坏，许多居民丧生。一年以后堡垒就被重建。18 世纪，昆古尔设立了管理工厂、矿山和矿场的矿业管理局，这里也成为西伯利亚大道的途经之地，昆古尔发展和富裕起来。1774 年，普加乔夫的起义军队兵临城下，被市民和士兵击退了，昆古尔拖欠国库的赋税因此得到豁免。1781 年，昆古尔堡垒正式设市。19 世纪，昆古尔通过茶叶贸易扩大了城市规模与财富数量。1909 年，这里成了西伯利亚大铁路的一个站点。20 世纪初，这里铺设了电话线、供水系统和电力系统，第一次世界大战以前这里就开设了电影院。

当地人说

瓦西莉萨·戈洛夫金娜，10 岁

“我妈妈是个艺术家，她会做陶器，比如马克杯、茶杯、钟表和哨子。”

叶梅利扬·普加乔夫

顿河哥萨克（“哥萨克”是俄国历史上的特殊社会阶层。——编者注）叶梅利扬·普加乔夫领导的农民起义（1773—1775 年）持续了近两年时间，他们曾攻占从伊尔比特到察里津的广大地区。如果你想了解这段时期的故事，可以读一读普希金的小说《上尉的女儿》。

“季赫温红砖教堂（建于 1765 年）所在的位置过去曾矗立着昆古尔堡垒。从教堂前面的平台可以看到最美丽的风景，整个城市一览无余。”

每年七月昆古尔都会举办热气球节。“天空中飘浮着许多参加比赛的热气球。我们这里还有一所热气球飞行员学校！”

瑟尔瓦河

伴手礼的选择：蜜糖饼干

昆古尔有一家啤酒厂，它也生产美味的蜜糖饼干、果汁冰糕、牛奶糖和苏打水。科茹霍夫家族烤制的维亚佐夫蜜糖饼干非常特别。加莉娜·科茹霍娃亲自设计并制作模具，然后按照古方烤制饼干。这些蜜糖饼干好吃又好看，许多游客会来科茹霍夫家族参观并亲自体验制作饼干！

可以在卡尔·马克思大街上走走。这条街上坐落着库兹涅佐夫宫殿，也就是库兹涅佐夫商人家族的宅邸，现在它是各种机构的办公地点，所以很难进入。商人格里布申的别墅也在这里，它由两座建筑组成，外墙上写着最早的修建时间。格里布申家族从事糖和茶叶贸易，他们是昆古尔著名的慈善家。格里布申家族在彼尔姆也有一幢漂亮的建于 1905 年的新艺术风格宅邸，现在那里是机器制造厂的文化宫。

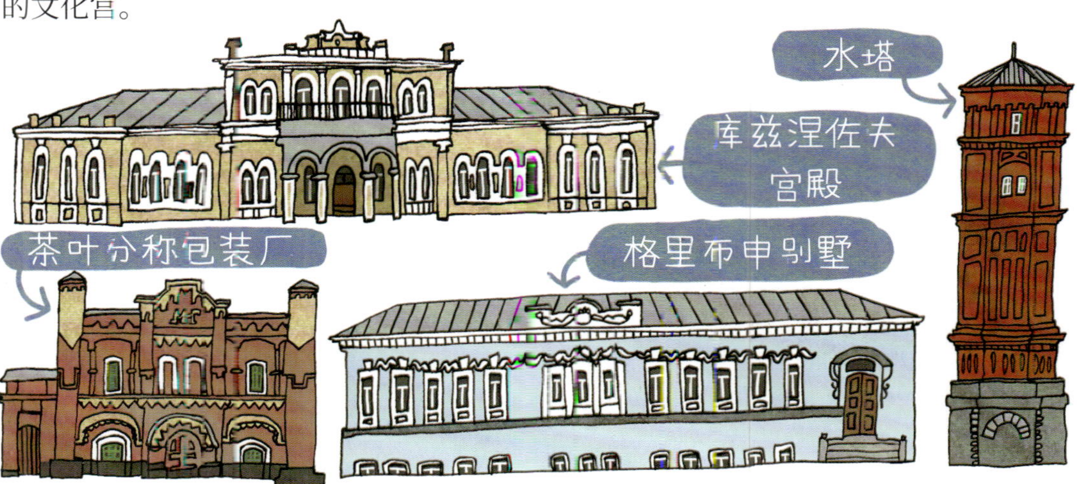

必看景点

城郊的洞穴

位于瑟尔瓦河右岸的昆古尔冰洞自古闻名，1703 年人们绘制了它的第一张测绘图。这个巨大的喀斯特洞穴中有许多地下湖和无数个小岩洞。“洞穴中最漂亮的地方之一就在钻石岩洞的入口处——这里的冰层形成了一个冰冻的瀑布。”这是瓦西莉萨的推荐。在“庞贝遗迹”岩洞里可以看到野兽和神话人物形状的岩石。

格里布申于 1874 年修建了小型中心商场，现在这里是商贸史博物馆，介绍皮革制造业、制鞋业、茶叶贸易和西伯利亚大道的历史。

果戈理街

青年剧场

苏维埃街

叶卡捷琳堡客运站

（叶卡捷琳堡市）

距莫斯科 1819 公里

停车 54 分钟

1484456 人

东五区

一月 -17℃

七月 22℃

1933 年修建的通信大楼，现在是邮政总局。

1925 年修建的市政委员会住宅楼。

“叶卡捷琳堡是俄罗斯结构主义风格建筑数量最多的城市，这样的建筑共有 140 多座。结构主义住宅楼中没有厨房和独立浴室，住户要在食堂吃饭，在公共澡堂洗澡。”——格奥尔吉、索菲亚和雅科夫

这栋楼里有一个从 19 世纪中叶营业至今的药店。当时的老板是阿尔弗雷德·魏尔斯贝格。叶卡捷琳堡人至今仍将这座大楼叫作魏尔斯贝格药店。

普希金街

当地人说

彼佳·戈林，5岁

“我住在市中心一座20世纪50年代的五层楼房里。导演阿列克谢·巴拉班诺夫小时候在我们的房子里住过。”

根德尔曼家的雅科夫、格奥尔吉和索菲亚，8岁、14岁、10岁

“我们市处在欧洲和亚洲的分界线上，因此这里受到两个地区文化的影响。”

彼得一世在位时，这里开始修建冶炼铁、铜和铸铁的工厂。1723年，工厂旁边的镇子以女皇叶卡捷琳娜一世的名字命名，1781年，女皇叶卡捷琳娜二世赐予它城市的地位。这座工厂于1808年关闭，但市中心的工厂河坝得以保留。周边地区出现了新的工厂，叶卡捷琳堡逐渐发展起来，并且于19世纪成为大型工业与贸易中心。苏俄内战期间，这里的政权几经更迭，俄国末代沙皇尼古拉二世一家正是在这里的伊帕切夫别墅地下室里被处死的。从1924年到1991年，这座城市叫斯维尔德洛夫斯克，这是为了纪念雅可夫·斯维尔德洛夫。尽管后来它又改回原名，但这里的火车站后来的整整20年仍叫作“斯维尔德洛夫斯克客运站”。1878年西伯利亚大铁路尚未修建，但这里已经开通了叶卡捷琳堡—昆古尔—彼尔姆的火车线路。现在的火车站建于1914年，旁边的老火车站看起来就像一座彼得一世在位之前的宫殿。

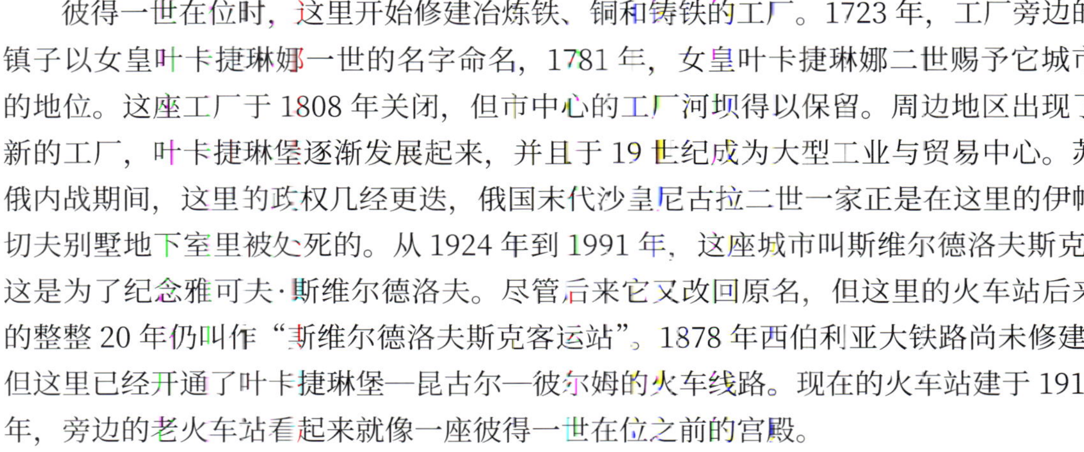

老火车站现在是铁路博物馆，彼佳建议大家去看看。“陈旧的信号机和道闸机（我和爸爸会把它抬起来又放下去，从没有人因此责备我们）。从铁路上的天桥可以看到火车头用的转车盘和蒸汽机车纪念碑。”

老火车站

谢瓦斯季亚诺夫府邸

如果你在叶卡捷琳堡待不了多久，那就只参观谢瓦斯季亚诺夫府邸吧！关于它有很多传说。其中有一个最为离奇，这座哥特式宫殿的主人是尼古拉·谢瓦斯季亚诺夫，据说他在府邸重建后住进了对面的小房子里，只为了每天都能看到自己家漂亮的大门。

乌拉尔地区的美食

“馅儿饼和烘面饼在乌拉尔很受欢迎。烘面饼有酸奶油馅、浆果馅、土豆泥馅。当然啦，我们最喜欢的还是饺子：有肉馅、蘑菇馅、鲜白菜或酸白菜馅、土豆馅和萝卜馅。我们家里总有干蘑菇，冰柜里冻着做馅儿饼或饺子用的蘑菇馅，冰箱里放着醋渍滑子菇、盐渍松乳菇和卷边乳菇。”

——格奥尔吉、索菲亚、雅科夫

1876年以前，这里一直是制造铜币的地方——乌拉尔就是炼铜的地方，所以非常方便！每一枚硬币上都标记有“EM”字样，意思是叶卡捷琳堡铸币厂。

采访火车司机

采访者：彼佳

“维佳爷爷是我奶奶的兄弟，他曾是一名火车司机，后来还做过调度员。客车和货车，他都开过。他告诉我，如果火车能够平稳地行驶在轨道上，那这就是司机们所说的‘无缝’线路。”

“其实我从小就想当火车司机。父母不太喜欢我的选择，因为我没去上矿业大学，但路是自己的。我在下塔吉尔长大，那里当然也有蒸汽机车和电力机车。蒸汽机车是那种可以转轨的。我们一群小男孩就在那儿看，司机会让我们进驾驶室参观，还可以求他带我们坐一段。我做火车司机的时候走遍了西伯利亚大铁路，还开车到过中国边境。亚美尼亚大地震的时候，我就在斯皮塔克开内燃机车。现在的电力机车把所有参数都导入一个自动系统，这个系统可以让火车按一定速度匀速行驶。驾驶这种火车头当然美得很，我也喜欢开这种车：我们必须穿白衬衫上班，开这种车不会弄脏衣服。如果是电力机车，冬天的寒气就钻不进驾驶室里，因为门上面就是热风机。”

城市漫步

市区里最受欢迎的地方就是河坝广场，这里也是整个城市的发源地。河坝是用乌拉尔落叶松修建的，这种木材在水中不会腐烂，反而会变得更加坚固。河坝公园就像一座桥：一边是河，一边是池塘。夏天可以租船，年轻人会在这里自拍，小孩们可以喂鸭子。

常用俄语

1. ГДЕ ТУТ ПОМЫТЬСЯ? 洗澡的地方在哪里？（在火车上淋浴可能要收费。）
2. ГДЕ ТУТ ПОМЫТЬ РУКИ? 洗手的地方在哪里？（如果你这样问，别人就会告诉你洗手间在哪里。）

叶卡捷琳堡被称作俄罗斯摇滚之都，因为这里是许多乐队的故乡，例如“珍珠鹦鹉螺”乐队（成员有伊利亚·科尔米尔采夫和维亚切斯拉夫·巴图索夫）、“阿加莎·克里斯蒂”乐队（成员有萨莫伊洛夫兄弟）和“茶福”乐队（成员有弗拉基米尔·沙赫林）！

年轻的维佳爷爷

新西伯利亚州
风光

西西伯利亚
玛莎，
快看，
白蘑菇！

秋明站

柳宾斯基站

鄂木斯克站

给旅行者的建议

如果两个人一起坐火车，最好买同一侧的两个铺位。这样既方便又舒服：不会被人打扰，可以喝茶聊天儿到很晚。晚上还可以坐在展开的下铺上，裹着被子欣赏窗外的景色。

火车上怎么吃饭？

火车上一定有煮鸡蛋、黄瓜，还有鸡腿！还能用带杯托的纸杯饮用美味的茶水。可以拿开水泡土豆泥和泡面，或者随便煮点儿荞麦粥。在粥里注入开水，盖上盖子，然后回到被窝里。三个小时以后，荞麦粥就做好了。

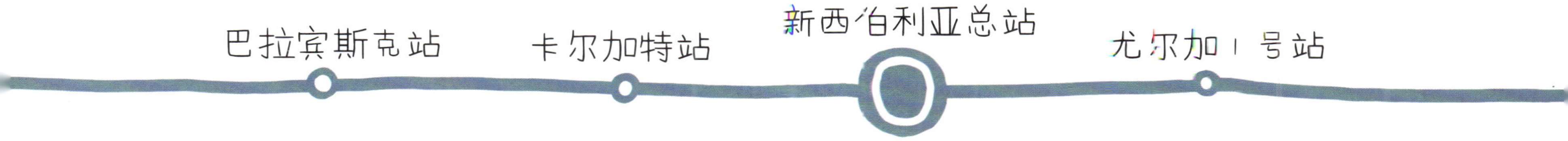
巴拉宾斯克站
卡尔加特站
新西伯利亚总站
尤尔加1号站

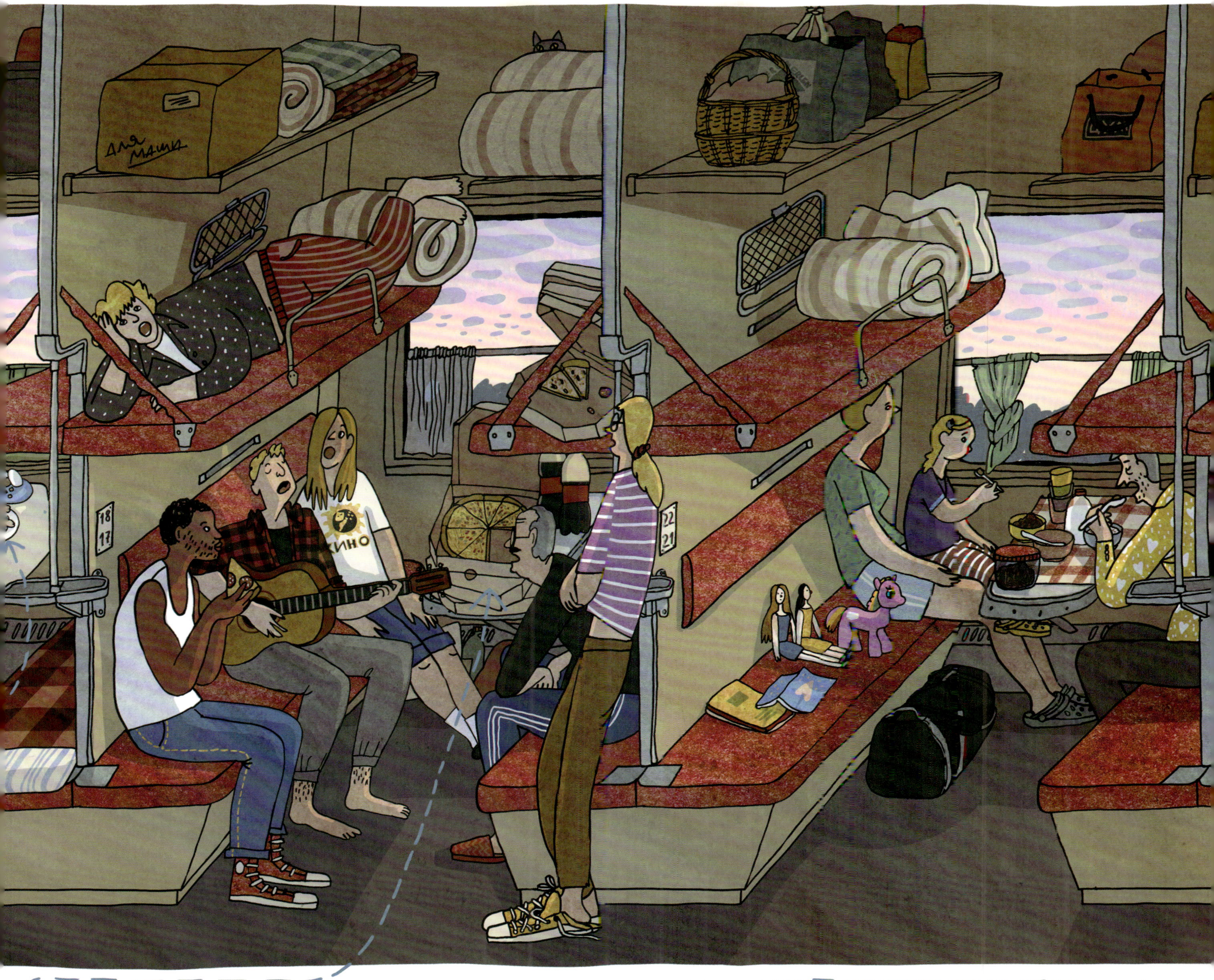
для маши
КИНО
18
17
22
21

在餐车可以吃早饭和午饭，还可以算好时间，用送餐服务预订餐食。

火车上的娱乐活动之一就是伴着吉他和大家一起唱歌。唱什么都行，不管是《莫斯科郊外的晚上》还是维克多·崔的歌——只要大家都会唱！

购票以后可以在俄罗斯铁路的网站上预订额外餐食，这样比直接去餐车吃更便宜，而且食品也更新鲜。

可以尝尝车站里出售的美食：松子、用杯子盛着的野生浆果和种植园的苹果。

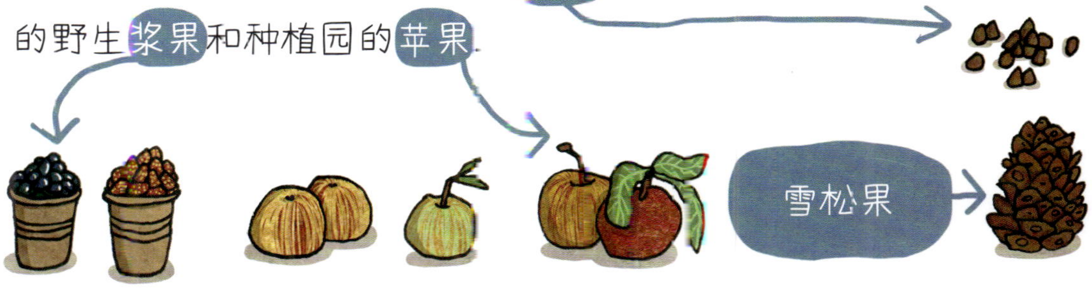
雪松果

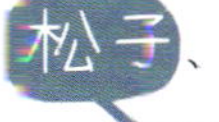

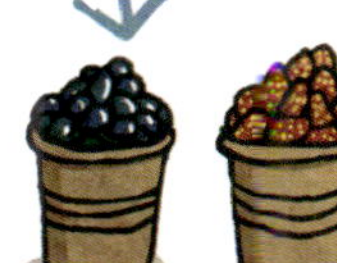

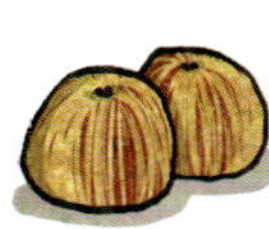

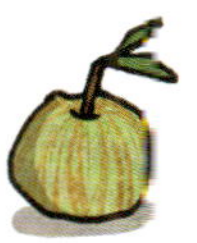

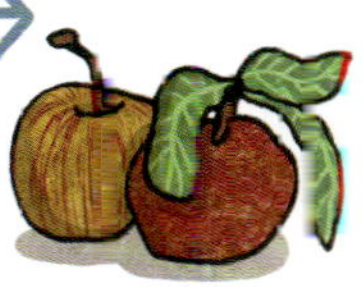

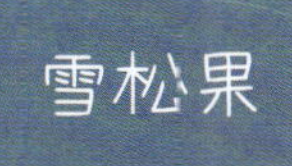

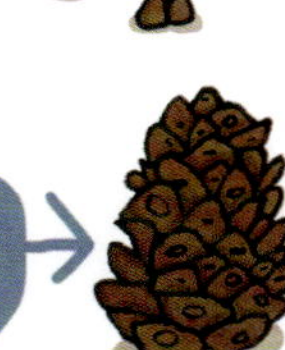

西西伯利亚从乌拉尔山脉一直延伸到叶尼塞河。

乌拉尔山脉

叶尼塞河

喀拉海

巴伦支海

鄂毕河

俄罗斯

叶卡捷琳堡

克拉斯诺亚尔斯克

鄂木斯克

贝加尔湖

莫斯科

伏尔加河

哈萨克斯坦

哈萨克斯坦

蒙古

在冬季的西伯利亚如何保暖？

- 帽子要遮住耳朵。
- 穿好几件衣服可以形成保暖的空气层。三层暖和的衣服比一层超级暖和的衣服更好。

- 连指手套比分指手套暖和。

- 鞋子要宽松一些。
- 脚上要穿羊毛袜。

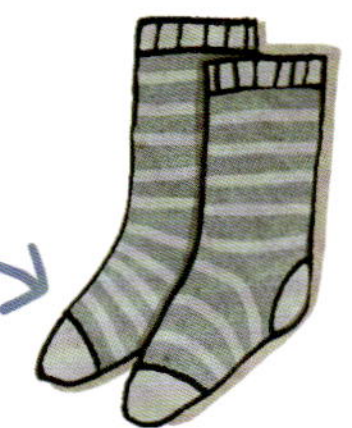

- 不要一直在一个地方站着，动起来。
- 不要饿着肚子出门。
- 带一个装着热茶的保温杯。

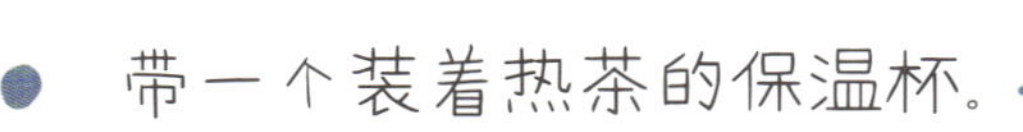

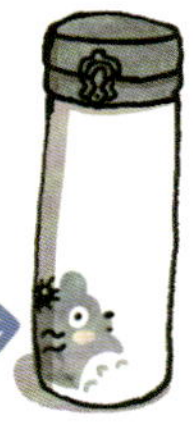

冻伤了怎么办？

1. 在冻伤部位裹上几层保暖的棉纱绷带。
2. 寻求医疗帮助。
3. 喝加了糖的热茶。

千万不要这样做！

! 不要用雪或布揉搓冻伤的地方。

! 不要用热水、电暖气、暖水袋之类的东西加热冻伤的部位。

! 不要使用油或者酒揉冻伤的地方。

铁轨被轧得嘎吱作响。
自由、冷漠、庄严。
被大火摧残的人们啊，
从西边漂泊到东边……

——大卫·萨莫伊洛夫

西西伯利亚平原占据了西西伯利亚将近 80% 的面积，但这里也有山，比如最大的山系——阿尔泰山脉。西西伯利亚最长的两条河流是鄂毕河（长 3660 公里）和额尔齐斯河（长 4248 公里），额尔齐斯河发源于中国，流经哈萨克斯坦。

西西伯利亚包括斯维尔德洛夫斯克州、车里雅宾斯克州、库尔干州、秋明州、鄂木斯克州、托木斯克州、新西伯利亚州和克麦罗沃州，克拉斯诺亚尔斯克州的西边部分，以及汉特-曼西自治区、亚马尔-涅涅茨自治区、阿尔泰边疆区、阿尔泰共和国和哈卡斯共和国。

该地区北部冬季漫长而寒冷，夏季凉爽多雨，而南部夏季温暖干燥，冬季气候温和。几条宽度各异的苔原带、森林苔原带、泰加林带、森林草原带和草原带从北向南依次交替。这里有北极狐、白鼬、麝鼠、水獭、黑貂和猞猁，海里有白鲸和髯海豹，后者属于海豹的一种。在西西伯利亚地区，西伯利亚大铁路几乎一直穿行在巴拉宾斯克低地和伊希姆平原茂密的森林草原中。草地之间夹杂着小片的白桦林和山杨林。如今这片土地大部分都已被开垦或成为牧场和草场。

西西伯利亚蕴含着丰富的石油资源。世界上最大的天然气田之一就坐落在亚马尔半岛上，库兹涅茨克煤田的煤储量也在世界上名列前茅。

新西伯利亚（过去的新尼古拉耶夫斯克）是该地区最大的城市，人口 160 万。1929 年苏联教育人民委员部委员阿纳托利·卢那察尔斯基曾在自己的著作《西伯利亚月行记》中这样描写新西伯利亚：“这座城市……已经成长为一个拥有 20 万人口的首府，它就像西伯利亚的芝加哥一样势不可挡地飞奔向前。”当时的新西伯利亚肥皂厂给卢那察尔斯基留下了极为深刻的印象，这座工厂一直经营到 2012 年。

西西伯利亚人口数量位居第二的城市是鄂木斯克。陀思妥耶夫斯基在鄂木斯克监狱服过几年苦役。他不太喜欢这座城市。“鄂木斯克是个令人厌恶的小城市，几乎没有树木，夏天是酷热和风沙，冬天则是暴风雪。我没有看到过什么自然景色。是一个肮脏的……小城市。”陀思妥耶夫斯基在给哥哥的信中这样写道。如今，在鄂木斯克要塞司令部的老房子里有一座陀思妥耶夫斯基文学博物馆。

1918—1919 年，鄂木斯克曾是白军的临时政府所在地：海军上将高尔察克不仅将鄂木斯克定为西伯利亚的首府，还将它定为全俄的临时首都。一首嘲弄高尔察克的歌谣说：

制服是英国的，
肩章是俄国的，
烟丝是日本的，
领袖是鄂木斯克的。

白军和红军在西伯利亚大铁路沿线不断进攻或撤退，捷克斯洛伐克军团则向东攻伐。官方代表团，也就是盟国代表们（英国人、法国人和日本人）来到了鄂木斯克火车站。他们乘坐的自然是舒适的“普尔曼式”列车，而士兵和难民只能坐取暖货车。当时有一些官方人士就住在鄂木斯克铁路的火车上，例如英国海军使团的代表。白军政府最初也设在市内支线车站的列车上。鄂木斯克人称它为“麻雀政府”，因为它“站在树枝上”（俄语里支线和树枝是同一个词）。

苏联卫国战争期间，许多民众、工厂和珍贵文物被转移到西伯利亚。战争伊始，鄂木斯克就成为西伯利亚重要的军事训练中心之一。一些军事院校撤退至此，并且很快开设了新的学校。许多工厂搬迁到鄂木斯克州，其中大部分都被安置在城市内部。一些航空工厂从莫斯科撤到这里，其中就包括以飞机设计师安·尼·图波列夫为首的第 29 号中央设计局。后来成为火箭工程师的谢·帕·科罗廖夫也曾在这里工作。和西伯利亚其他大城市一样，鄂木斯克建造飞机、坦克和装甲列车并运往前线。就连列宁的遗体也从墓中被转移到了秋明。

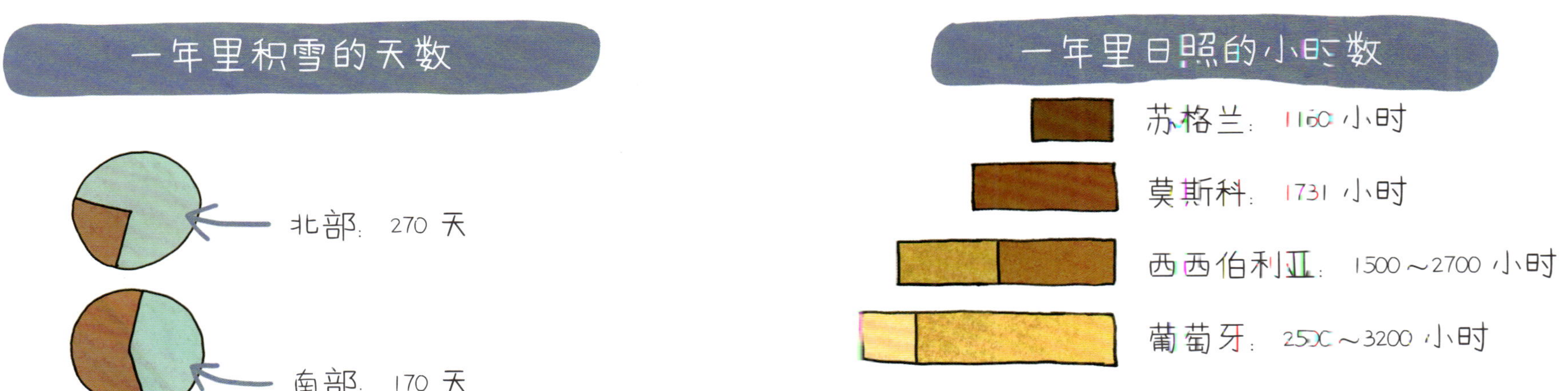

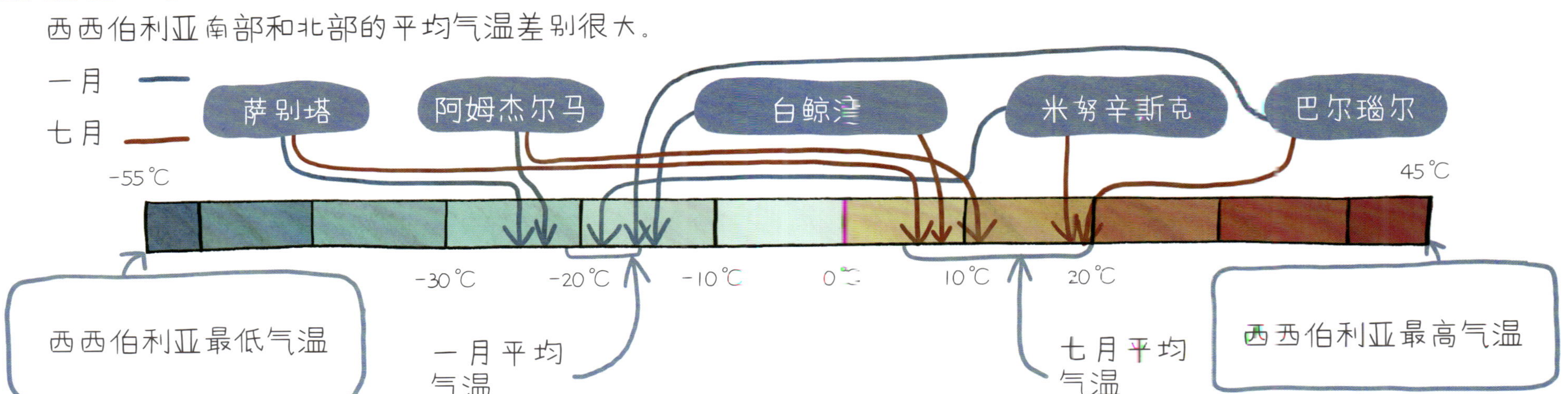

秋明站（秋明市）

距莫斯科 2145 公里

停车 20 分钟

788666 人

东五区

一月 -13℃

七月 22℃

当地人说

萨维利·库切良维赫，8 岁

"我们这儿的博物馆有一副完整的猛犸象骨架。前阵子我才在博物馆了解到，猛犸象是因为气候变暖而灭绝的。"

波德列佐夫家的阿梅利亚和戈尔杰伊，10 岁、7 岁

"我们喜欢和大家一起去话剧院，那里有非常好看的儿童剧。"

奇斯佳科夫家的塔伊西娅和亚历山大，14 岁、11 岁

"我们家的二层小楼几乎是在郊区。我们家有 7 口人，其中有 5 个孩子。"

秋明是西伯利亚最古老的城市之一，一般认为它建于 1586 年，也就是秋明堡垒开始修建的时间。从 16 世纪起秋明就处于贸易路线上，19 世纪，随着西伯利亚大铁路的修建，秋明开始走向繁盛：这里每年都会举办大型集市，修建了中学、专门学校（第一所创办于 18 世纪末）、医院、供水系统、第一所剧院，甚至还有一座城市花园。秋明是苦役犯和流放者前往西伯利亚的必经之路。来自中亚的茶叶商队也要经过这里。秋明的工业也获得发展，尤其是皮革制造业。如今的秋明是西伯利亚的石油天然气中心。和小城市柳宾斯基一样，秋明的铁路也穿过整个城市，将它一分为二，有些地方因此建造了横跨铁路的天桥。秋明火车站建于 1885 年，但直到 1913 年与鄂木斯克通车以后才成为西伯利亚大铁路的一部分。老火车站的建筑没有保留下来，现在的车站建于 1974 年，并于 2010 年进行过改造。

秋明位于图拉河畔，市中心在地势较高的右岸。列宁大街和共和国街（原救主街和皇家街）上坐落着中心商场、原市议会大楼（现在是博物馆）、圣母神迹大教堂、天使长米迦勒教堂和圣若瑟教堂。

去哪儿逛逛？

最漂亮的地方是图拉河的堤岸。也可以在老城区欣赏大商人的木制庄园和石制别墅，还有奥西边科街 35 号的消防塔。

1944 年，两百只猫咪从秋明前往列宁格勒（即圣彼得堡），帮助这个刚刚解除围困的城市对付鼠灾。为了纪念这次事件，人们在秋明修建了一座西伯利亚猫街心公园。

西伯利亚大铁路的传说

据说叶卡捷琳堡—鄂木斯克区段的铁路原本计划经过托博尔斯克，而不是秋明。还有人说格里高利·拉斯普京曾数次路过秋明火车站。他不喜欢车站的卫生间，于是出钱盖了新的！

常用俄语

1. МЫЛО 肥皂
2. ТУАЛЕТНАЯ БУМАГА 卫生纸
3. ПОЛОТЕНЦЕ 毛巾

萨维利在“市议会”地方志博物馆里最喜欢的展览

博物馆位于美丽的河岸高地上。它的正门上有一只大钟。萨维利说：“秋明的第一只时钟是用市政经费购置的。它至今还能工作。1857 年，当地农民阿列克谢·克鲁索夫制作了这只时钟，并且将它安装在议会大楼上。这只钟的第一套指针收藏在博物馆里，参观者可以把它们拿在手上查看。博物馆里还有一具完整的猛犸象骨架！”

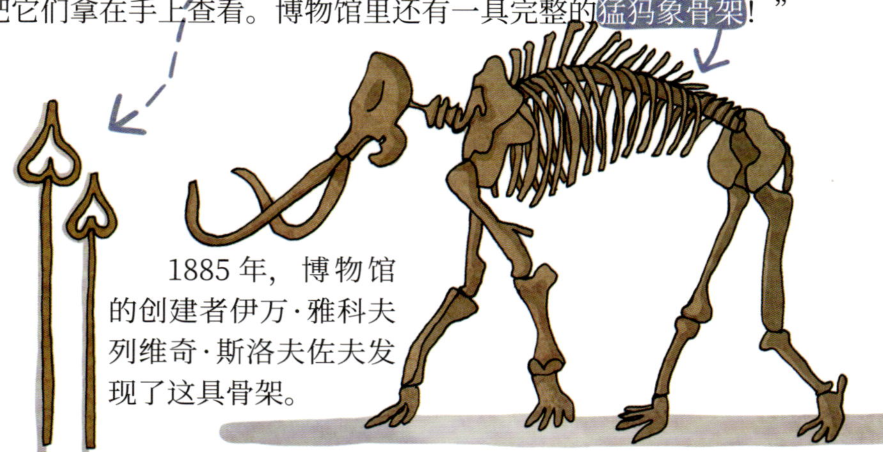

1885 年，博物馆的创建者伊万·雅科夫列维奇·斯洛夫佐夫发现了这具骨架。

水道街 10 号

科罗科利尼科夫商人家族府邸博物馆

共和国街 18 号

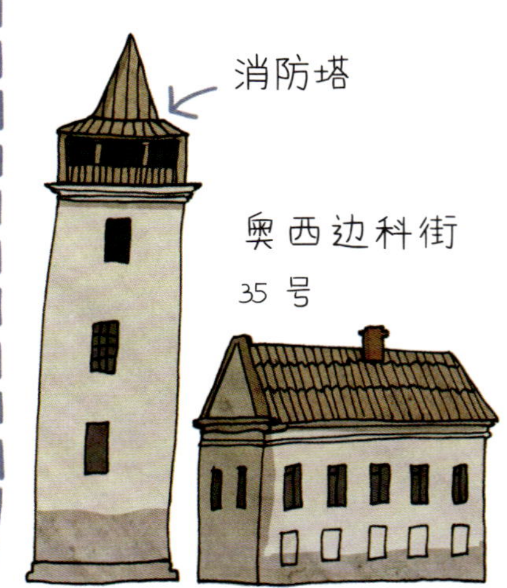

消防塔

奥西边科街 35 号

“我们最喜欢老城区，但它越来越小了。那里有很多带烟囱的木制建筑，门窗框上的雕花漂亮极了，还有几座房子装着老式玻璃窗。我们也很喜欢跨河大桥和老城里的商人府邸。”

——塔伊西娅和亚历山大

柳宾斯基站

（柳宾斯基镇）

距莫斯科 2658 公里

10435 人

东六区

一月 -18℃

七月 26℃

莫斯科至符拉迪沃斯托克（海参崴）的列车在此站不停车

柳宾斯基火车站旁边就是柳宾斯基镇，它是鄂木斯克州的区域中心，距鄂木斯克市一小时车程。18 世纪时柳比纳村就已经存在了，后来西伯利亚大铁路从村子边经过，1911 年，这里修建了柳宾斯基火车站和工人居住区。1947 年这个居住区更名为柳宾斯基。但当地人仍然叫它柳比纳。1914 年建成的新艺术风格的火车站大楼是镇上最老的建筑。这里的第一条街道叫站前街，因为它和一百年前一栏沿铁路线而建。20 世纪 60 年代以前，这里还没有无线电通信，人们便用钟声通知火车到达。响两声说明是来自莫斯科的上行客车，响一声则是去往莫斯科的下行客车。

当地人说

斯韦什尼科夫家的塔尼亚和萨沙，10 岁、13 岁

塔尼亚和萨沙在德国生活，但他们会到柳宾斯基的曾祖母妮娜·叶菲莫夫娜家里度假。

曾祖母的家

“曾祖母有两套房子，每一套都有自己的菜园和花园。曾祖母住的房子还有一间浴室。房子里有带储藏间的外廊、三个房间和有炉子的大厨房。西伯利亚的严寒降临而集中供暖无法使用时，还可以用炉子取暖。所以炉子和所有房间之间都有管道连通。”

曾祖母妮娜的拿手菜

饺子

正宗的饺子有三种肉馅：猪肉、牛肉和羊肉。全家人会一起包饺子。

白俄罗斯煎蛋

土豆饼

烧鹅

曾祖母妮娜的秘诀是提前给鹅涂上蜂蜜芥末酱。

20 世纪 30 年代，随着白俄罗斯移民的到来，白俄罗斯菜也传到了柳宾斯基，萨沙和塔尼亚的曾曾祖父母就是移民中的一员。苏联农业集体化和饥荒迫使他们逃到西伯利亚。

曾祖母妮娜

基洛夫路

鄂木斯克站

（鄂木斯克市）

距莫斯科 2717 公里

停车 16 分钟

117 万人

东六区

一月 -16℃

七月 25℃

当地人说

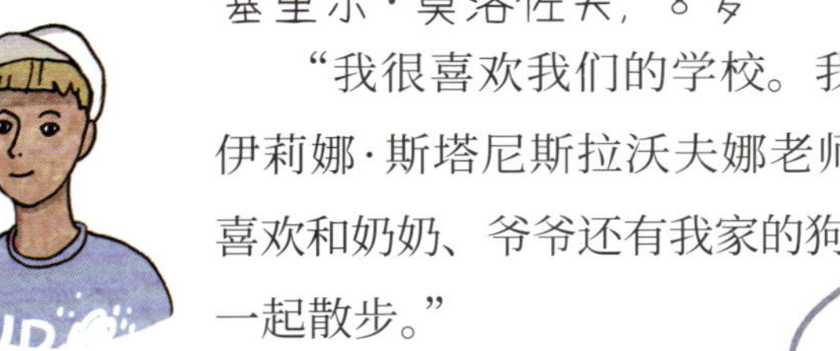

基里尔·莫洛佐夫，8 岁

“我很喜欢我们的学校。我最喜欢伊莉娜·斯塔尼斯拉沃夫娜老师。我还喜欢和奶奶、爷爷还有我家的狗特里莎一起散步。”

鄂木斯克位于鄂木河和额尔齐斯河的交汇处，是西伯利亚人口数量第二大的城市，仅次于新西伯利亚。考古学家在这里发现了新石器时代的原始人村落遗址以及青铜时代的聚居点，说明五六千年以前就已经有人生活在这里。汉特人从 3—4 世纪开始生活在这片土地上，13 世纪西西伯利亚成了金帐汗国的一部分。15—16 世纪，来自中亚的商队沿着额尔齐斯河前往乌拉尔和伏尔加河流域。金帐汗国分裂以后西伯利亚汗国建立，后来，随着叶尔马克的远征（1581—1585 年），俄罗斯的哥萨克逐渐控制了西西伯利亚的土地，并且在此建立要塞。鄂木斯克堡垒建于 1716 年，1782 年鄂木斯克建市。1825—1850 年，一些十二月党人、彼得拉舍夫斯基小组成员和波兰起义者被流放到鄂木斯克。陀思妥耶夫斯基也曾于 1850 年到 1854 年在鄂木斯克监狱服苦役。1894—1895 年，从新尼古拉耶夫斯克（现在的新西伯利亚）到车里雅宾斯克的铁路途经鄂木斯克，人们修建了横跨额尔齐斯河的铁路桥。1913 年，修建了通往秋明的支线。随着西伯利亚大铁路的到来，这里和西伯利亚的其他地区一样有移民蜂拥而至：从 1895 年到 1900 年鄂木斯克的人口增长了一倍，到 1911 年增长了 4.5 倍。第一次世界大战以前鄂木斯克没有有轨电车，但火车站和市区之间有铁路连通。西伯利亚大铁路使鄂木斯克成为西西伯利亚的大型工业中心之一。

18 世纪时卡尔梅克人和哈萨克人会在秋季来到鄂木斯克。他们用骆驼运送毛毡、羊皮、兽皮等货物。牧民会将羊群和马群赶到这里。

1782 年市徽

1825 年市徽

1973 年市徽

2014 年市徽

鄂木斯克从 2014 年开始使用新市徽。1782 年叶卡捷琳娜二世将第一枚市徽赐予鄂木斯克，此后市徽经历了许多次变化。

托博尔斯克之门

它位于图哈切夫斯基河堤，于 1791 年开建，1793 年建成。以前从这里可以通往额尔齐斯河的码头，来自托博尔斯克的船只就停泊在那里。

“鸟港”自然保护区

鄂木斯克市内有一个名为“鸟港”的自然保护区，各种鸟在这里巢居，或者在飞行途中停下休息。草原雕、游隼和鱼鹰也会飞来这里。

“途经火车站的客车通往四个方向：秋明、新西伯利亚、巴尔瑙尔和车里雅宾斯克。我们经常去火车站迎接或送别亲人、朋友和熟人。我们有时会坐电气火车去采蘑菇，或者去森林里玩。”

“菜园里的山羊”沙拉

弗鲁贝尔造型艺术博物馆建于 1924 年，这里收藏的画作从各种途径征集而来，曾经的莫斯科鲁缅采夫博物馆就是来源之一。

米哈伊尔·弗鲁贝尔

基里尔推荐我们去木偶剧院，这座剧院很漂亮，而且也很出名。

建城日

“每年我们都和爷爷奶奶在堡垒里庆祝建城日（八月的第一个星期日）。爷爷从 1955 年到 1998 年曾在部队司令部服役。”

基里尔最喜欢的地方

游击队大街和柳宾斯基大街之间的街区。这里有三座有趣的建筑：“萨拉曼德拉”保险公司、“三角”橡胶制造公司和特维尔纺织厂。

“三角”橡胶制造公司

“萨拉曼德拉”保险公司

巴拉宾斯克站

（巴拉宾斯克市）

距莫斯科 3041 公里

停车 30 分钟

29122 人

东七区

一月 -16℃

七月 25℃

当地人说

德米特里·吉谢列夫，22 岁

“我舅舅是火车司机。我的曾祖父以前在车站做调度员，他还在锅炉房——也就是开水房——干过。可惜这个建筑没保存下来。”

1893 年，在车站旁形成了一个聚居点，它就是巴拉宾斯克市的前身，这个车站最初的名字是“卡因斯克-托木斯克”[从这个名字可以看出萨马拉市（原卡因斯克）离这里不远]。1917 年，这里设市。当时有 1000 多名工人在车站机务段工作，市里只有两条与铁轨平行的街道，雨天便无法通行，因为路面没有铺过。苏联卫国战争期间许多人从列宁格勒撤退到巴拉宾斯克。“西伯利亚人-巴拉宾斯克人”号装甲列车曾经行驶在该机务段。市区里保留着几座与铁路有关的历史建筑，有水塔、贮存沙子的塔楼，还有许多修复过不止一次的老车库。

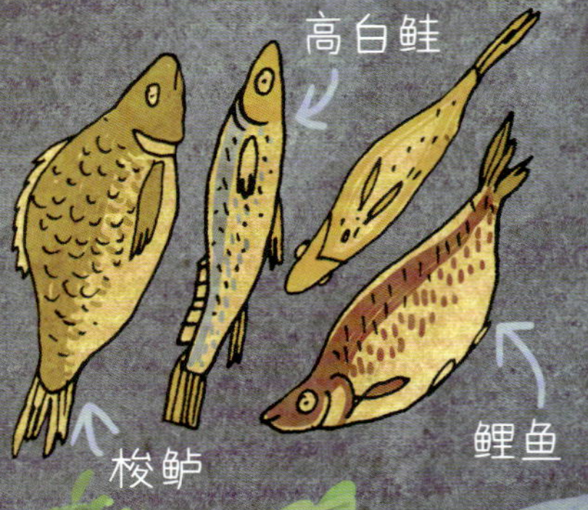

“巴拉宾斯克的鱼很出名，火车旁总有些女商贩售卖熏鱼、风干鱼、烘干鱼、炸鱼和鱼片。如果我说自己来自巴拉宾斯克，别人常常说：‘啊，是那个卖鱼的地方！’”

舅舅沿着巴拉宾斯克—因斯卡亚线和巴拉宾斯克—莫斯科夫卡线开车。两条线路都很美：这里有西西伯利亚平原的自然风景，当然还有很多车站。他会带上装口粮的盒子（可惜现在已经不管这种盒子叫“风琴箱”了）驾驶火车头。现在司机们已经不学开蒸汽机车了。但是每个司机仍然配一名副司机，就像开蒸汽机车的时候一样。

请在巴拉宾斯克找到 4 条鱼！

卡尔加特站

（卡尔加特市）

距莫斯科 3166 公里

停车 2 分钟

9519 人

东七区

一月 -16℃

七月 23℃

当地人说

塔吉扬娜·克列比科娃，30 岁

“我家离铁路很近。晚上可以清楚地听见列车进站和出站的播报声。我喜欢看来来往往的火车，看着车厢里的灯光，想象自己正驶向很远很远的地方……”

早在 18 世纪，这个位于卡尔加特河畔的聚居点就已经出现了。1896 年，这里修建了西伯利亚大铁路的车站站点。一些移民来到卡尔加特站，然后乘着马车继续前往丰饶的库伦达草原。农民将粮食、肉和羊毛从草原运到车站，许多商人便定居在车站附近，他们购买农民的货物，然后用火车运出去。当时的镇子上还出售煤油，可以用于灯、农用机械和“胜家”牌缝纫机。

卡尔加特曾三次设市：1921—1922 年，1945 年，最后一次是在 1965 年。最近的大城市新西伯利亚距离此地 178 公里。卡尔加特市徽上有一串醋栗（还有铁路和河流），很多人认为卡尔加特是土耳其语“黑浆果”的意思。如今的卡尔加特火车站既通客车也通货车。

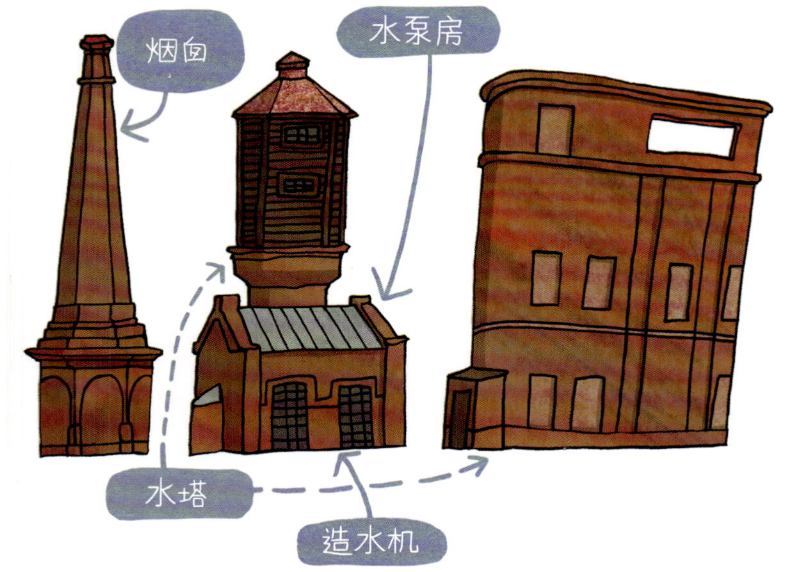

铁路上的古迹

火车站是新修的，但水塔和水泵房从 1912 年保留至今。如今用来灌注蒸汽机车的水来自河里。水塔则变成了城市历史博物馆。

“长长的铁轨上，
小小的车站。
除了跳舞，
啥都没得干。
草原就像平底锅，
草皮歪七扭八裹着冰壳，
碱土地，沼泽地，
水沟旁边全是泥……”

——20 世纪中叶的一位卡尔加特诗人

当地人建议夏天去卡尔加特市中心的露天市场看看：人们会在这里出售自己生产的食品，以及从森林里采的蘑菇、浆果和松子。还有人卖树苗和家禽。

牛奶　黄油　鸡蛋　奶酪　奶渣　树苗

小鸡　小鸭　浆果　蘑菇　松子

“我爷爷瓦夏来自卡马利耶村，20 世纪 30 年代曾在铁路上做扳道工。他很年轻的时候被火车撞了，一条腿被截肢。他只好改行做鞋子、皮衣和毡靴。我家现在还有一台完好的‘胜家’牌缝纫机，爷爷用它做了好多衣服，从最简单的上衣到皮毛短大衣和长大衣。”

塔吉扬娜的家

卫国战争烈士纪念碑

常用俄语

1. ПОЖАЛУЙСТА, НЕ ШУМИТЕ.　请不要大声喧哗。
2. ЗДЕСЬ НЕЛЬЗЯ КУРИТЬ.　这里禁止吸烟。

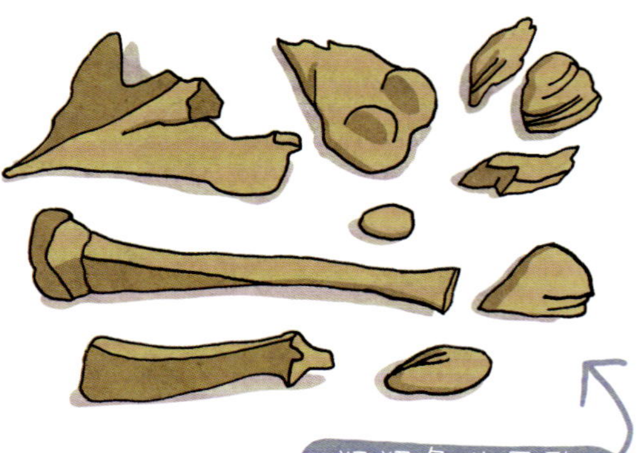

猛犸象的骨骼

卡尔加特附近出土了猛犸象的骨骼，它们就保存在地方志博物馆里。

塔吉扬娜最喜欢的地方是普拉金娜。这是当地人对卡尔加特河坝的爱称。矗立在那里的石头就是坝槛，当水位升高的时候，河水便汹涌起来，漫过石头倾泻而下，非常漂亮。水位下降的时候人们可以从石头上走到对岸，还能在石头缝里抓河虾！河坝不远处还盖了一座步行吊桥。

新西伯利亚总站

（新西伯利亚市）

当地人说

尼基塔·马斯洛夫，12 岁

尼基塔的爷爷曾在铁路的线路机械维修与维护管理处工作。“爷爷以前常去新西伯利亚州各地出差，如果有紧急情况他必须立刻前往出事的地方。不管白天还是晚上，他要时刻准备去需要他的地方——有时甚至要到我们州最偏远的角落去。”

阿利萨·库尔切娃，9 岁

阿利萨参加了学校的戏剧社，她还喜欢画画。

距莫斯科 3344 公里

停车 56 分钟

160 万人

东七区

一月 -15℃

七月 23℃

新西伯利亚市是西伯利亚最大的城市。17 世纪时这里就出现了第一个俄罗斯人的定居区。随着西伯利亚大铁路的修建，人们决定在这里建造横跨鄂毕河的铁路桥。后来，这个村子被叫作新尼古拉耶夫斯克（为了纪念沙皇尼古拉二世），并于 1903 年设市。1912 年，阿尔泰铁路开始途经新尼古拉耶夫斯克，城市因此迅速发展起来。第一次世界大战前夕这里已经修建了工厂、医院、图书馆和印刷厂。1926 年，新尼古拉耶夫斯克更名为新西伯利亚。这座城市成为大型工业中心。1958 年建立了科学城，即俄罗斯科学院的西伯利亚分院，如今这里有几十所科学研究院，从过去到现在众多优秀学者在这里工作。现在的新西伯利亚有两条地铁线，还有动物园、植物园、全俄最大的歌剧院以及两座天文馆。

新西伯利亚火车总站

最早的车站大楼是木制的，后来逐渐加盖了一些石制建筑。如今这座大型车站建于 1929—1939 年，而且设计方案曾多次修改。1999 年人们对车站进行了大修，正墙、花岗石墙面和大理石地板都被翻修，内部结构也重新进行了规划。火车站里修建了温室花园，由两名园丁打理，园中易生长的棕榈树则来自植物园。从地铁站可以直接前往乘坐近郊列车的站台。“以前火车站二楼有一棵长到天花板那么高的冷杉树给孩子们玩，那里还有一家电影院。”阿利萨的妈妈回忆道。现在电影院搬到了一楼，但乘客们发现它没有营业，也许你们去的时候会比较走运呢？

“我喜欢晚上在车站的过街天桥上看火车进站，这样很酷。”——尼基塔

三座水塔

在火车站可以看到两座“双子塔”：一座是木制的，一座是石制的。信号灯路旁边的车辆段上还有一座水塔，它旁边的隧道是修建西伯利亚大铁路时一并建造的。

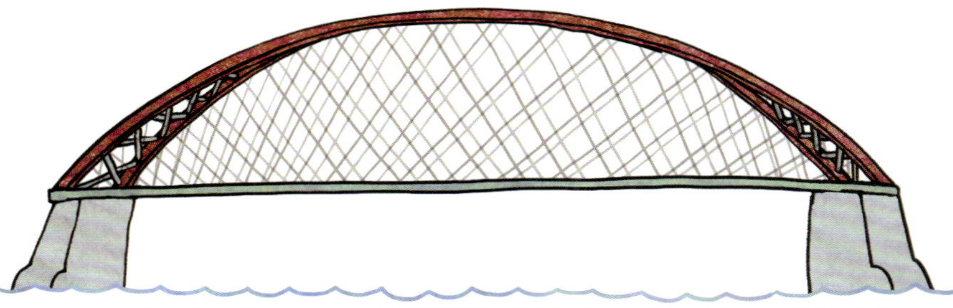

新西伯利亚有七座横跨鄂毕河的大桥，其中四座是公路桥（其中一座在新西伯利亚水力发电站的闸口上），两座是铁路桥，还有一座是长度超过 2 公里的地铁桥！最漂亮的是 2014 年通车的布格林斯基公路桥。

阿利萨推荐的地方

动物园

“我们喜欢去动物园，一般需要一整天时间。可以看看动物，然后去动物园的松树林里散步，特别好玩儿。动物们的兽栏很大，所以它们在这里也不错。我最喜欢北极熊。这里还有石器时代的恐龙，它们就在入口迎接游客们。”

新西伯利亚动物园——俄罗斯最大的动物园之一

新西伯利亚国立大学教学楼

科学城

“来到这里仿佛进入了一个舒适的小城，安静又祥和。人们修建科学城的时候最大限度地保留了自然环境——这里有很多树木，空气很清新。“鄂毕海”水库就在附近，夏天人们可以在岸边休闲。植物园距离这里不远，我们在那里见到了很多特别的植物，仔细看池塘里还有很多蜗牛。遗憾的是我们没去参观温室。”

常用俄语

1. СКОЛЬКО ЭТО СТОИТ? 这个多少钱？
2. ЧЕРНЫЙ ЧАЙ, ЗЕЛЕНЫЙ ЧАЙ, КОФЕ。红茶，绿茶，咖啡。

尤尔加 1 号站
（尤尔加市）

距莫斯科 3500 公里
停车 2 分钟
81733 人
东七区
一月 -17℃
七月 24℃

当地人说

乌斯秋扎来夫家的亚历山大和达莎，7 岁、9 岁

亚历山大和达莎的奶奶住在尤尔加。他们会来这里过暑假，因此可以为我们介绍一下尤尔加。

季莫费·托尔斯托夫，17 岁

“在从尤尔加到图阿普谢的旅行以后，我爱上了浪漫的铁路……我想体验一下火车司机或者副司机的工作，就算是普通列车员也行。”

丽莎·申卡留克，8 岁

“我家房子的外墙是粉色的。房子一共有两层，我的房间在二楼，从窗户能看到菜园和邻居家的房子。我在文法学校读书。学校外墙是蓝色的，里面是深粉色。我们学校很大，里面……有六层或者五层楼。不对，是四层。”

17 世纪，人们在托木河边修建了托木斯克堡垒，1650 年左右形成了波洛莫什村。然而这里早就已经有人居住了。20 世纪初，这里发现了图塔尔斯卡亚岩画，即雕刻在岩石上的动物图画，根据多次年代测定的结果，它们存在于八千年到两千年以前。1898 年，在托木河左岸出现了车站聚居点尤尔加。1893 年，修建了横跨托木河的铁路桥，1906 年，西伯利亚大铁路设立尤尔加站。1913 年，开通了从这里通往克麦罗沃的支线，将西伯利亚大铁路与库兹巴斯煤矿区连接起来。尤尔加迅速发展起来，修建了砖墙结构的车站，客车开始在此停留，后来又建起了机车库。1918 年 1 月，地方苏维埃决定实施八小时工作制和学校义务教育（五年制）。后来，捷克斯洛伐克军团占领了尤尔加，农民们被编入白军的高尔察克的军队，布尔什维克则组织游击队在铁路沿线牵制敌人。1919 年 12 月红军占领尤尔加。苏俄内战结束以后，铁路和库兹巴斯矿区经历了漫长的恢复期。从 1942 年开始尤尔加成为工人居住区，1949 年正式建市。

图塔尔斯卡亚岩画中的图像

杨树

ЛЕНИН

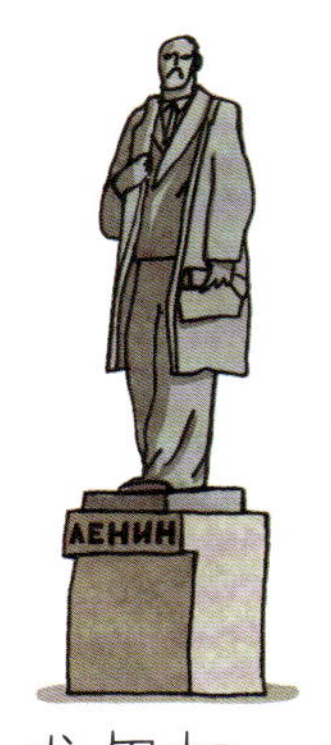

“夏天我和奶奶每天早上都去普希金公园散步，我骑自行车，奶奶快步走。早上有很多老人在公园里运动。我还喜欢在纪念碑附近溜达，在那里能看到美丽的托木河，还有阵亡者纪念碑。我已经会念字了，我会念那些在战争中死去的人的名字。我在尤尔加最喜欢的地方是列宁雕像旁边的广场，在那里可以追一会儿鸽子，还可以给它们喂食。”——亚历山大

尤尔加一共有4座列宁雕像。

1941
1945

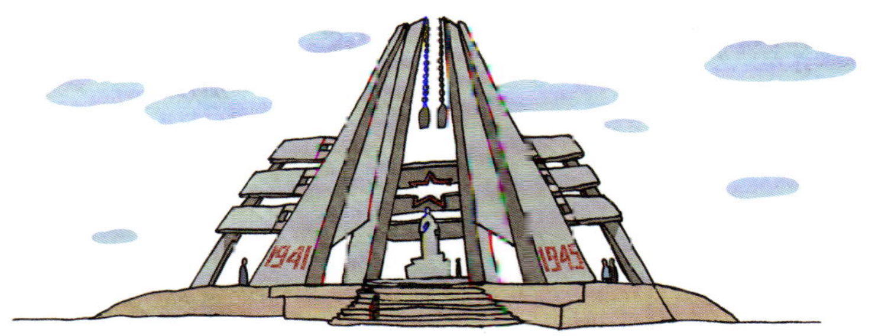

“我最喜欢的地方是苏联卫国战争期间为国阵亡者纪念碑，我们一般就叫它纪念碑。”

——季莫费

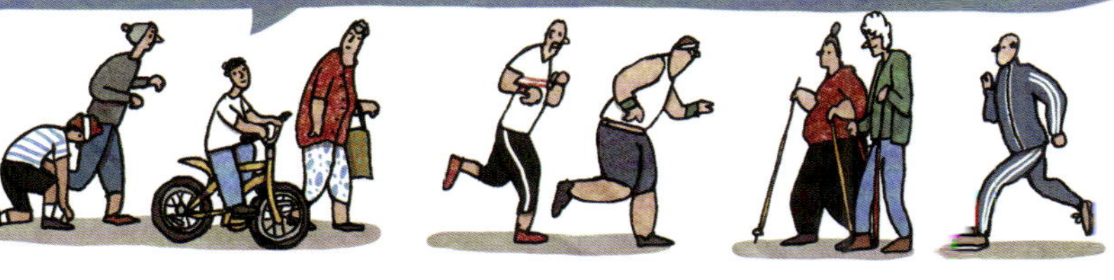

“我喜欢去喷泉玩。那里很漂亮——水花向上喷得好高。夏天很热的时候男孩会在里面游泳。虽然妈妈说不能这么做，但我也想和他们一样……”

——丽莎

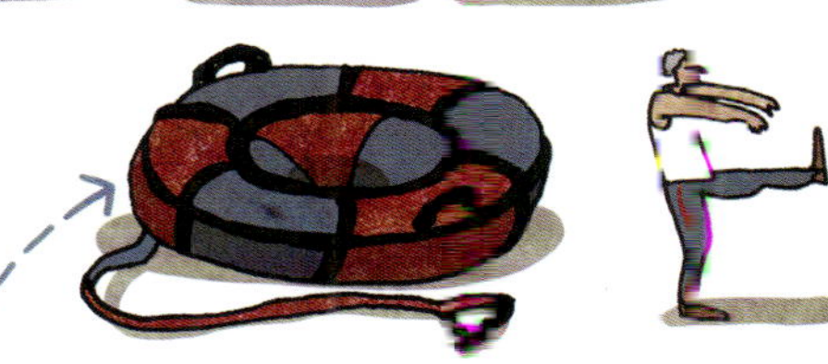

“冬天我们会去山上滑雪，然后坐着雪圈滑下来。”

——丽莎

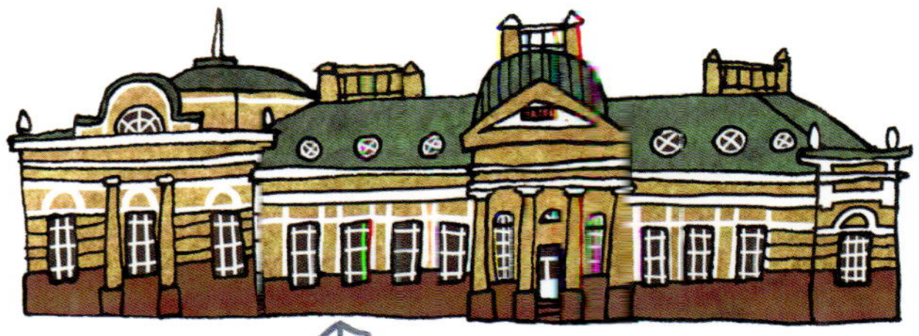

季莫费认为火车站是这里最漂亮的建筑：“有时候真想握一握建筑师的手。”

“夏天我们会庆祝建市日和青年节。大家尽情欢乐，演奏音乐，举行各种比赛。有一个比赛是这样的：爸爸妈妈装饰童车，大家选出最有趣的。童车被装饰成火箭、汽车、鲜花，还有好多其他样子。”

——季莫费

请在尤尔加找到5辆童车！

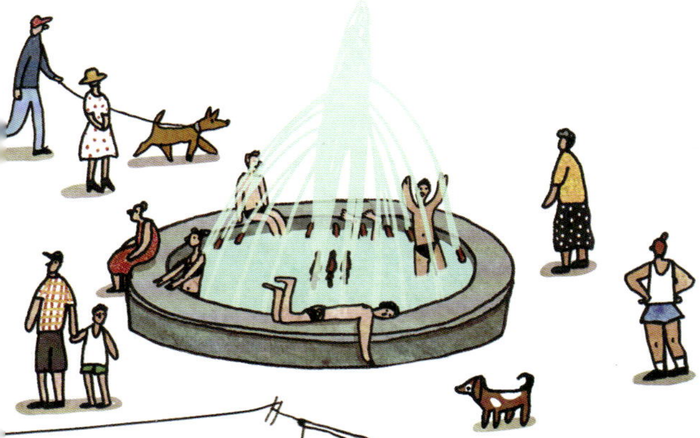

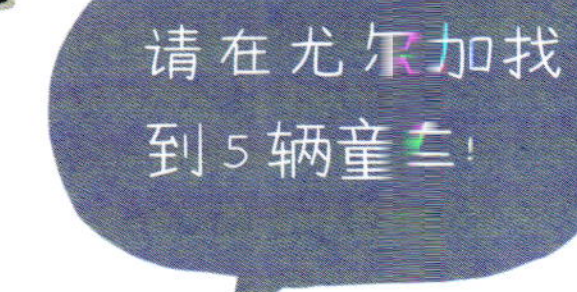

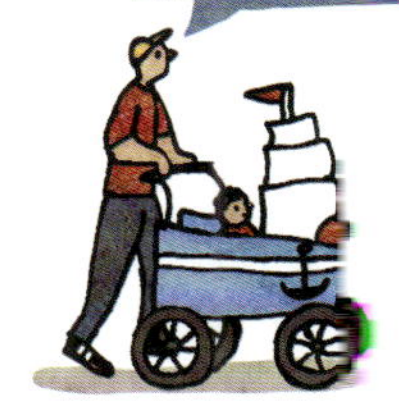

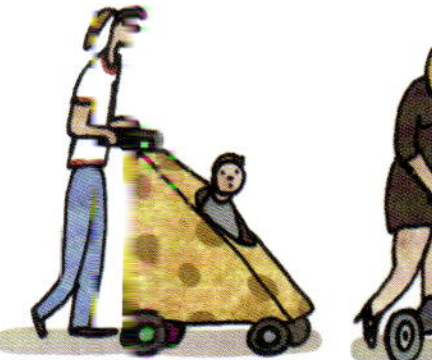

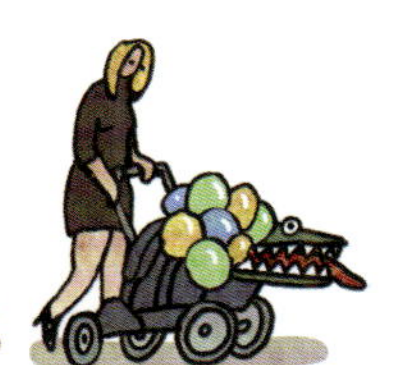

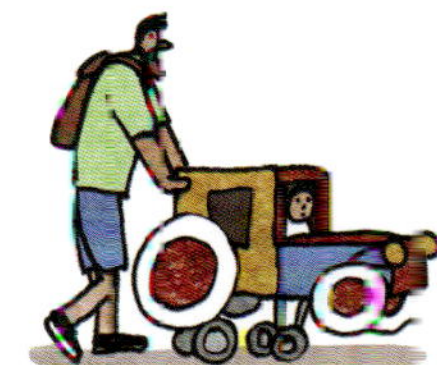

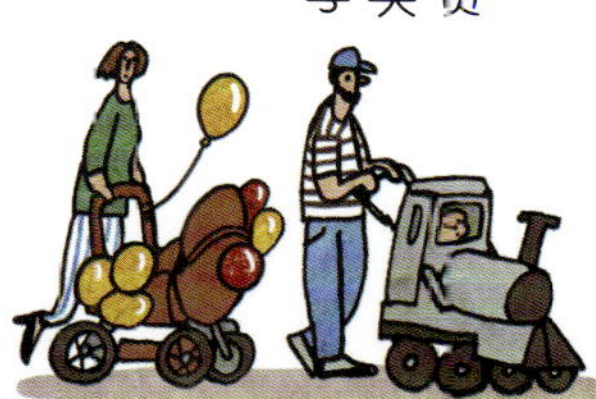

米沙，再买点儿面包！
“秋天我们会把落叶堆到一起，然后往上面跳。”——丽莎
桦树
杉树
莫斯科街

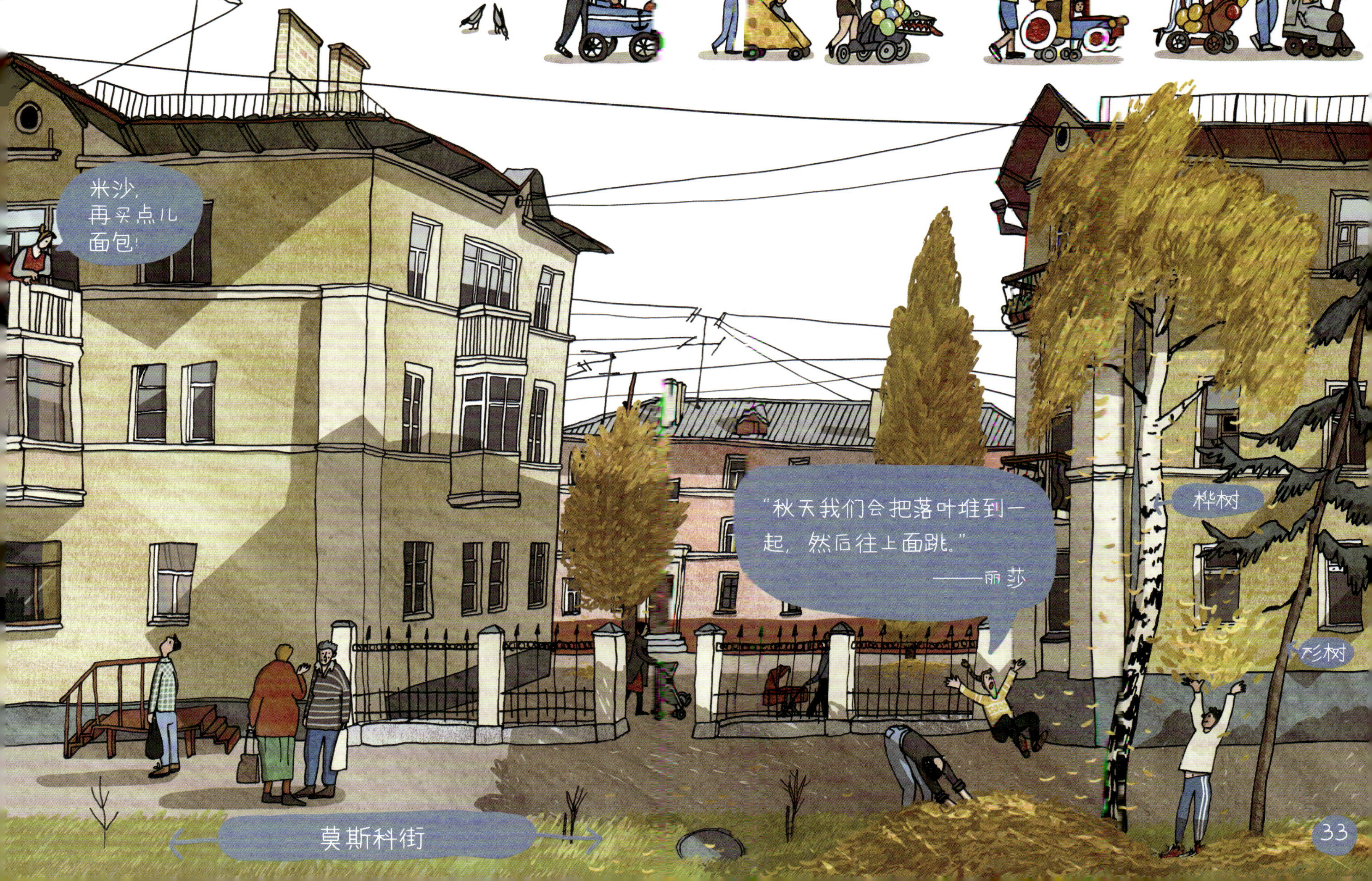

贝加尔湖
风光

东西伯利亚

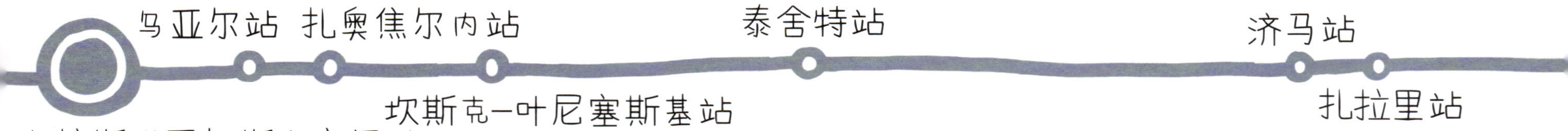

克拉斯诺亚尔斯克客运站
乌亚尔站
扎奥焦尔内站
坎斯克-叶尼塞斯基站
泰舍特站
济马站
扎拉里站

7
МОСКВА
ВЛАДИВОСТОК
МЕСТ-18

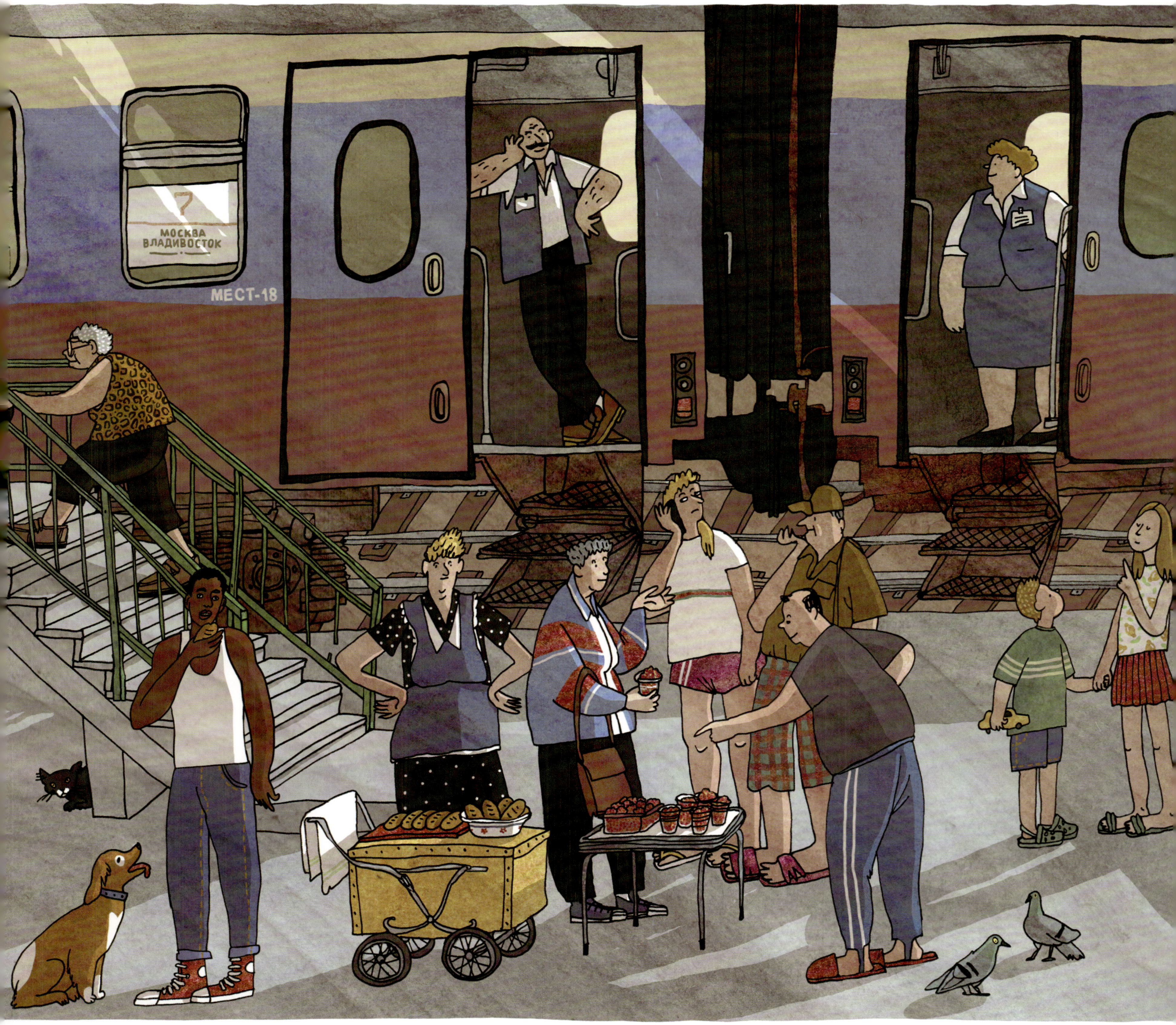

给旅行者的建议

推荐大家尝尝斯柳江卡车站的熏鱼！

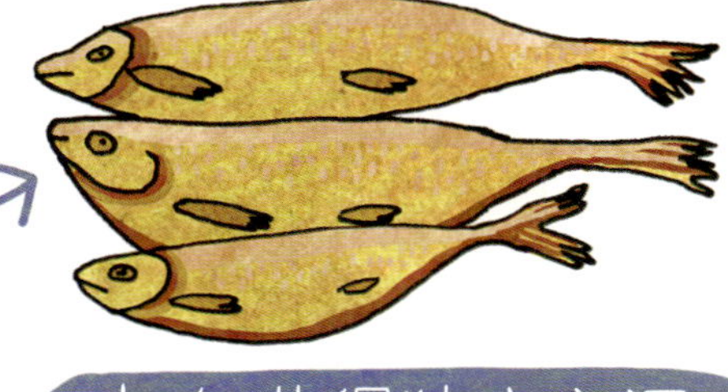

提前搞清楚火车什么时候经过贝加尔湖——可能得定个闹钟，以免错过！

如何获得独立空间？

在卧铺车厢的上铺挂一条床单——这样你就拥有了一个小隔间。

在长途旅行中可以给小朋友准备一些惊喜，比如小玩具、游戏和手工套装。要一个一个地拿出来，保持神秘感：让他们好奇包里还有什么。

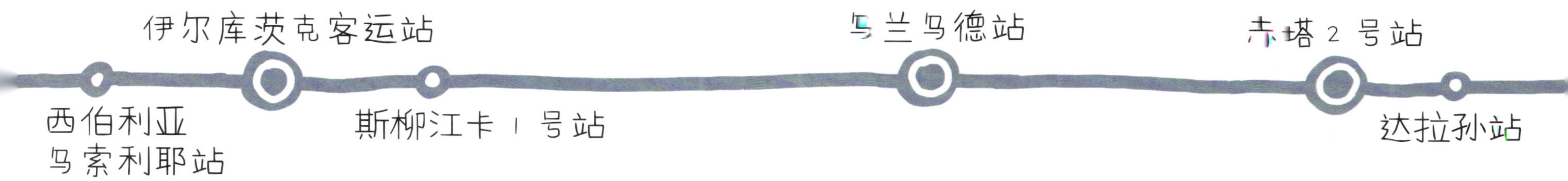
伊尔库茨克客运站
乌兰乌德站
赤塔2号站
西伯利亚
乌索利耶站
斯柳江卡1号站
达拉孙站

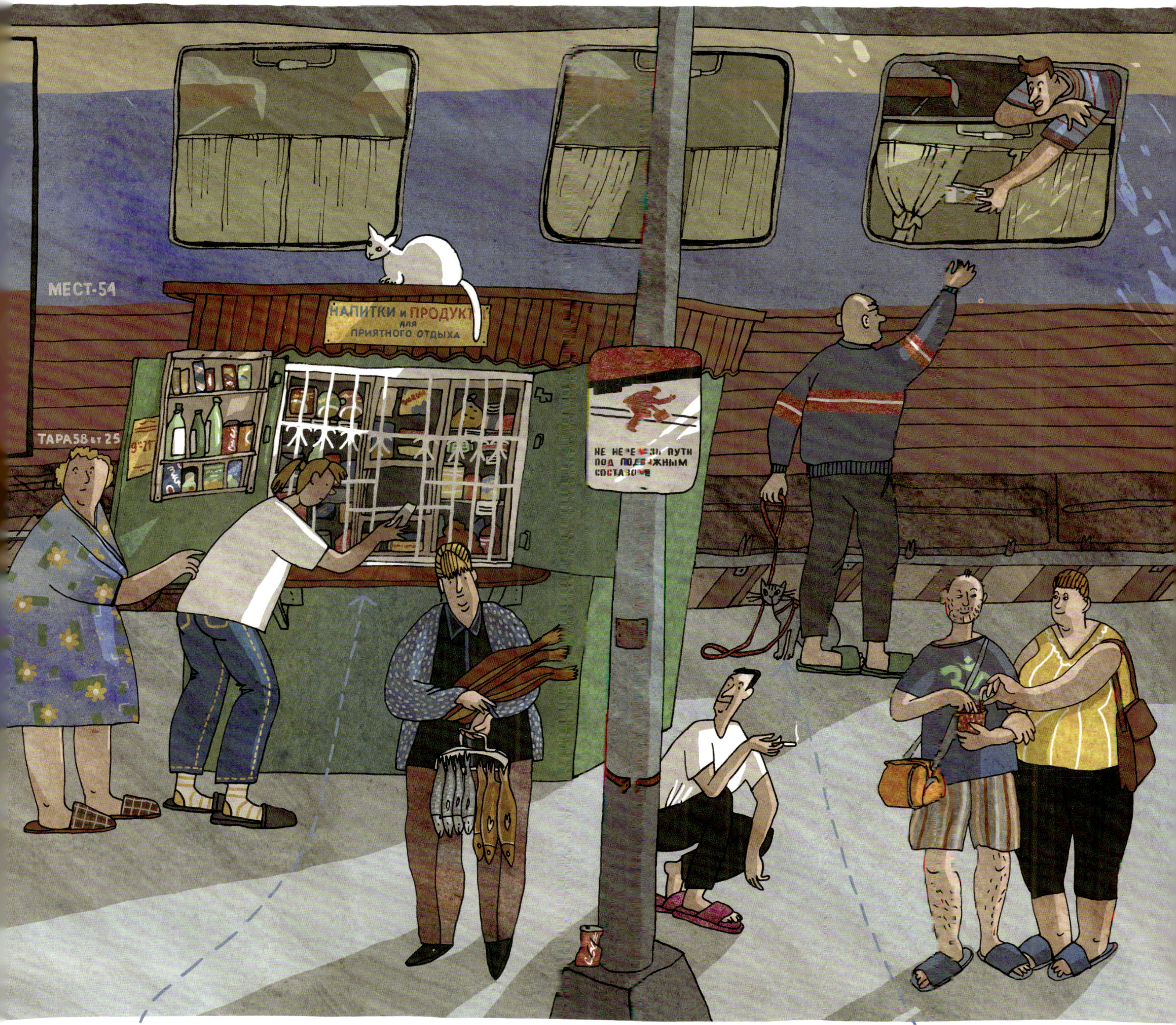
МЕСТ-54
НАПИТКИ и ПРОДУКТ
ДЛЯ
ПРИЯТНОГО ОТДЫХА

带些水果干和松子（巧克力会融化）。

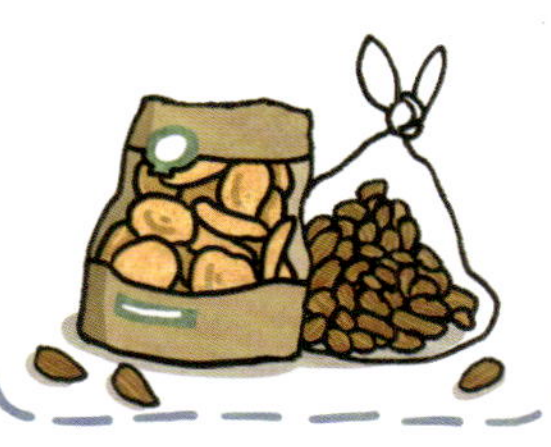

如果下车休息后没及时上火车，就去找火车站站长，最好带着能够证明身份的证件。他们要么在大站把你的行李拿下来，然后让你乘相同方向的列车赶过去，要么直接把你的车拦住。你还可以赶紧坐出租车到下一个车站上车（汽车一般比火车快）。

标有小爪子的车厢可以带宠物。有些宠物可以免费乘车，带大型宠物则必须包下整个包间。

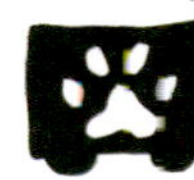

叶尼塞河以东、远东以西的地区属于东西伯利亚。

东西伯利亚

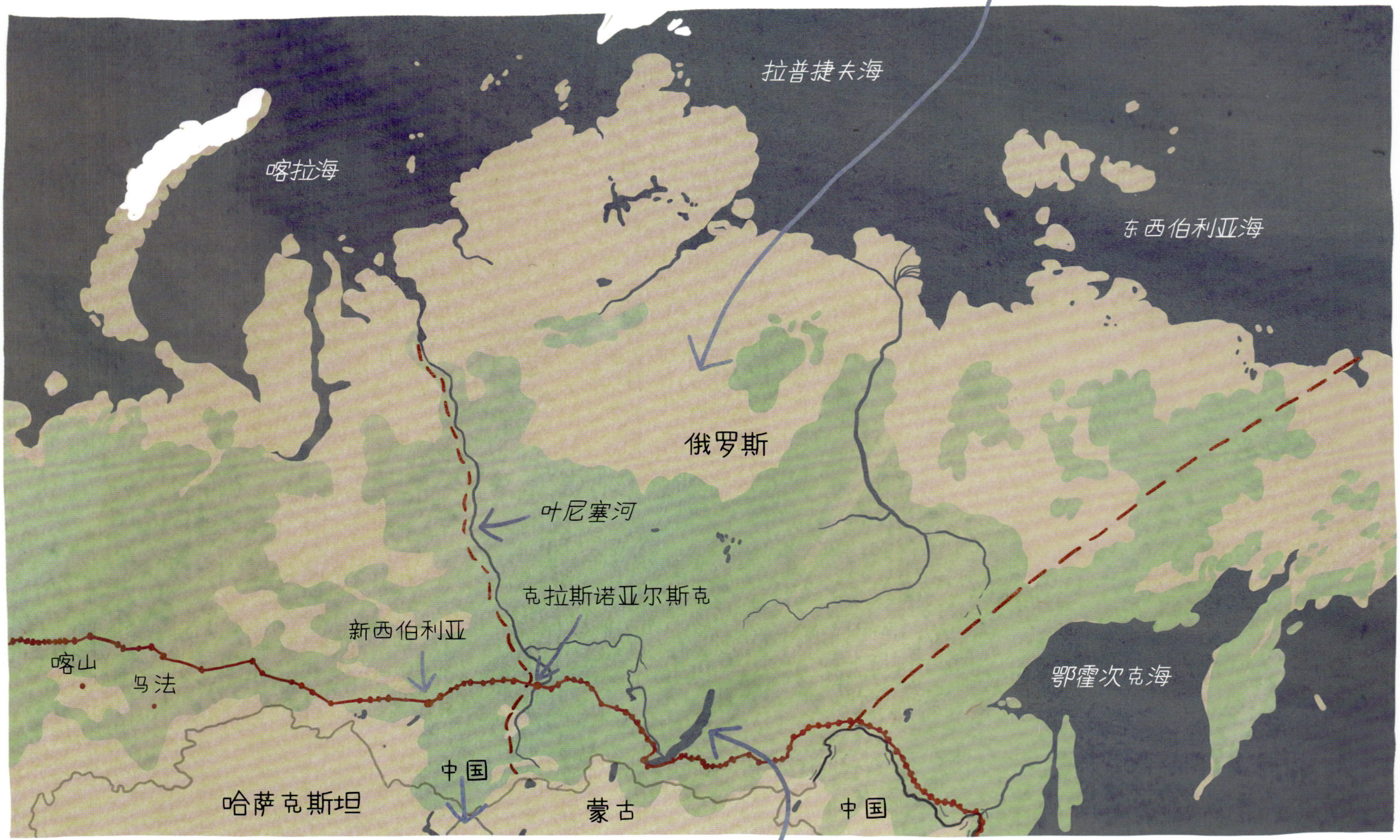

拉普捷夫海

喀拉海

东西伯利亚海

俄罗斯

叶尼塞河

克拉斯诺亚尔斯克

新西伯利亚

喀山

乌法

鄂霍次克海

中国

哈萨克斯坦

蒙古

中国

贝加尔湖

世界上最深的湖，最大深度 → 1642 米

最大的天然淡水水库 → 23615.39 立方公里

亚欧大陆最大的淡水湖 → 31722 平方公里

东西伯利亚地区的语言

常见的

俄语
乌克兰语
白俄罗斯语
布里亚特语
哈卡斯语
图瓦语

少见的

93 个人说图法语。

44 个人说楚利姆语。

43 个人说埃涅茨语。

1 个人说尤格语。

贝加尔湖的进水量

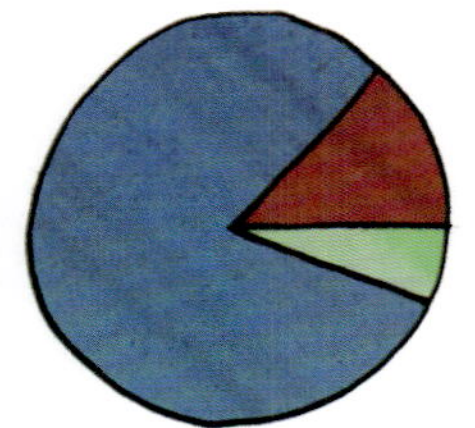

降水 9.26 立方公里

地下水 3.2 立方公里

其他河流每年平均流入 57.8 立方公里

贝加尔湖的出水量

每年平均向其他河流流出 61 立方公里

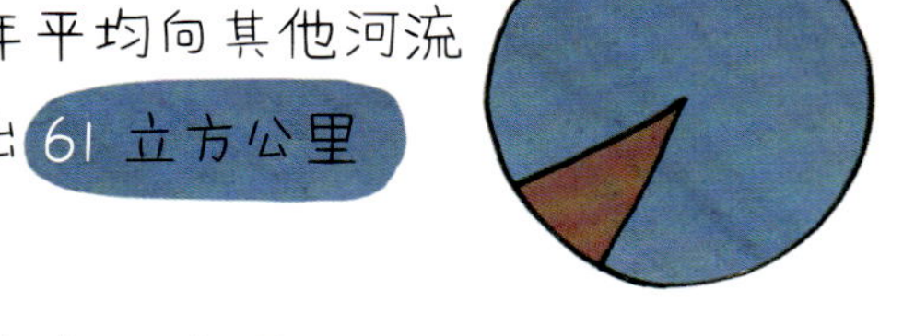

贝加尔湖表面蒸发 9.26 立方公里

几千座城市
将匍匐在你的脚下。
还会有数不清的胜利，
但你的梦想
只有一个：云雾之后的
哈马尔达坂山脉。

——尤里·比斯博

周围漆黑一片，
火车、轨道和灯光
像深藏其中的不眠王国，
在我面前显现。
野蛮有力的蒸汽，
从车轮下咝咝涌出，
铁轨和黑色的车身
闪耀着冰冷的微光。

——叶夫根尼·叶夫图申科，《济马站》

东西伯利亚包括克拉斯诺亚尔斯克边疆区、外贝加尔边疆区、伊尔库茨克州、布里亚特共和国、图瓦共和国以及萨哈（雅库特）共和国等。俄罗斯的两条大河叶尼塞河（长3487公里）和勒拿河（长4400公里）流经此地。东西伯利亚的高山包括西萨彦岭和东萨彦岭、哈马尔达坂山脉、吉达山脉和巴尔古津山脉。萨哈（雅库特）共和国以及环贝加尔湖地区不时有强烈地震。

东西伯利亚属极端大陆性气候：冬季日照充足，干燥严寒，夏季温暖而短暂。北部由苔原带向泰加林带过渡，继续向南则是森林草原带。世界上最冷的地方之一——萨哈（雅库特）共和国的奥伊米亚康村就在这里，1933年2月6日，这里的温度达到零下67.7°C。奥伊米亚康夏天的温度可以达到34°C！

东西伯利亚地区有着丰富的矿藏，这里已经发现了油田、天然气田、煤矿以及许多金属矿产，包括铁、金、铂、镍、锡、铀以及稀土元素。

最近几百年，这里一直在开采岩盐，难怪西伯利亚乌索利耶被称为“西伯利亚的盐罐子”。还有许多城市的名字也和盐有关，例如索里维切戈茨斯克（意思是“维切格达河的盐”）、索利卡姆斯克（意思是“卡马河的盐”）、索利奇（“索利”是盐的意思）、索列达尔（意思是“盐的恩赐”）。甚至还有一个城市也叫乌索利耶，不过它坐落在彼尔姆州的卡马河边。

贝加尔湖被联合国教科文组织列为世界自然遗产，从1986年开始，贝加尔湖西岸成为贝加尔国家公园的自然保护区。公园大部分区域被森林所覆盖——这里生长着落叶松、雪松和冷杉等。安加拉河从贝加尔湖发源而出的水域从不结冰，每年有许多野鸭来这里过冬。保护区里许多植物被收录进俄罗斯联邦红皮书，其中一些是贝加尔湖的特有种类，它们只在这里生长，别处是见不到的。这里生活着熊、驼鹿、鹿、野猪、胡獾、飞鼠、紫貂、香獐子和鼩鼱。这里最出名的保护动物当数贝加尔海豹和贝加尔白鲑。

16—17世纪，西伯利亚的货运与客运主要依靠水路。从乌拉尔到涅尔琴斯克（尼布楚）矿场大概要花上一年时间。18世纪中期，修建了西伯利亚大道。这条长达3000公里的运输线经过托博尔斯克、塔拉、鄂木斯克、科雷万、托木斯克、阿钦斯克、克拉斯诺亚尔斯克、下乌金斯克、伊尔库茨克、上乌金斯克（乌兰乌德），最终到达涅尔琴斯克（尼布楚）。冬天这条线路主要运输货物，例如金子、毛皮和鱼类，夏天则运送士兵和苦役犯。

19世纪，被流放者和搬迁而来的农民增加了西伯利亚的人口数量（1822年，统治者颁布法令允许国有农民移民西伯利亚）。西伯利亚大铁路开通后人群蜂拥而至，1906年，斯托雷平土地改革开始后移民数量大幅增加。这些移民被称为步行者，尽管他们都是乘坐火车来到这里的。从1897年到1917年，仅伊尔库茨克省就有178600名来自俄国中部和白俄罗斯的移民定居下来。

修建西伯利亚大铁路时，铁路先从符拉迪沃斯托克（海参崴）开始修建，一路到达贝加尔湖的梅索夫（今巴布什金市）火车站。经过漫长的讨论，人们决定让铁路从南边绕过贝加尔湖，于是便在贝加尔湖边修建了从斯柳江卡站到贝加尔站的环贝加尔湖铁路，然后再通往伊尔库茨克。这是西伯利亚大铁路最为复杂的区段之一：要在山上开凿隧道，还要防止塌方。环贝加尔湖铁路开通后，来自圣彼得堡和莫斯科的学者们也来到贝加尔湖，例如弗·阿·奥勃鲁切夫、弗·伊·维尔纳茨基和亚·叶·费尔斯曼。

克拉斯诺亚尔斯克是东西伯利亚的第一大城市，这里生活着一百多万人。伙伴们还向我们介绍了西伯利亚大铁路沿线的其他大城市，例如伊尔库茨克、乌兰乌德和赤塔。

东西伯利亚泰加林是世界上最大的原始森林，它的面积达到390万平方公里，相当于7个法国！

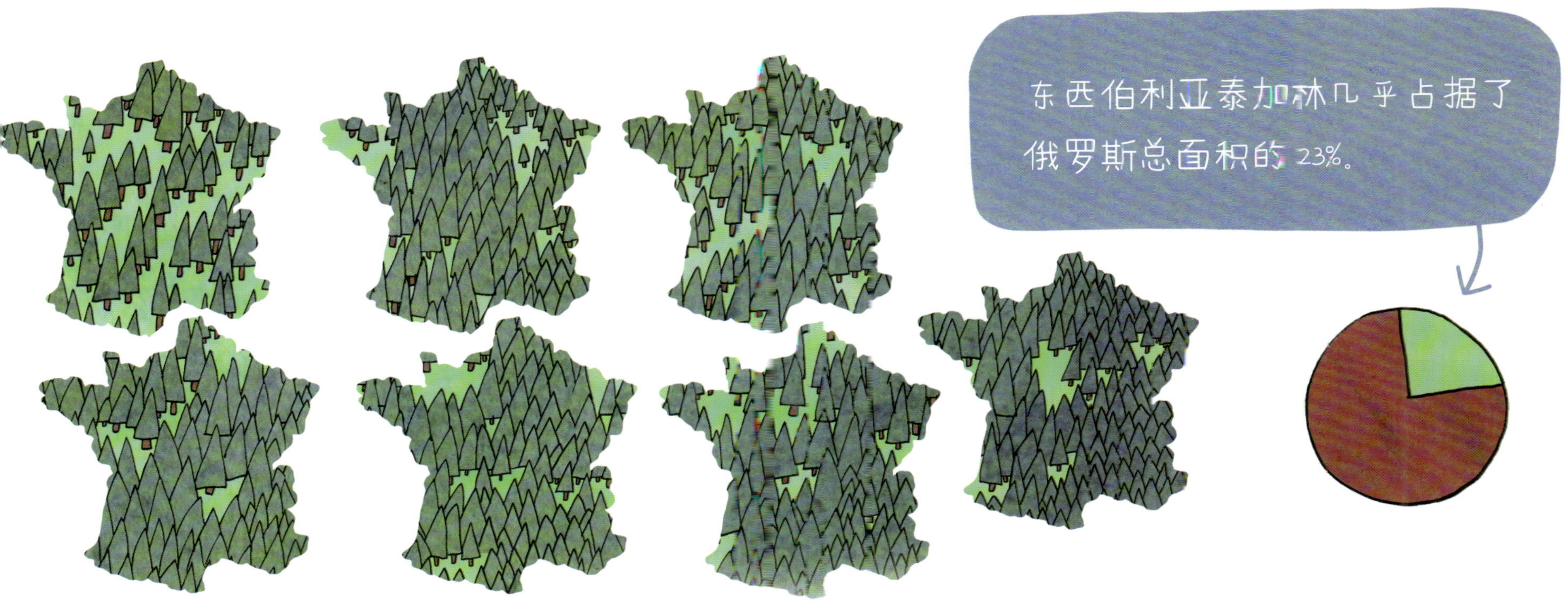

克拉斯诺亚尔斯克客运站

（克拉斯诺亚尔斯克市）

距莫斯科 4106 公里
停车 35 分钟
109 万人
东七区
一月 -15℃
七月 22℃

位于叶尼塞河上的克拉斯诺亚尔斯克水电站在建成时是世界最大的水电站。由于水电站的存在，市区里的叶尼塞河河段冬季不会结冰，同时夏季水温太低不适宜游泳。叶尼塞河冬天不上冻，因此城市的湿度很大，河面上会形成蒸汽，而且常常出现浓雾。

请在克拉斯诺亚尔斯克找到 5 辆黄色汽车！

克拉斯诺亚尔斯克的冬季寒冷而漫长，夏季温暖却短暂。在最冷的那些年份里，冬季最低气温可以达到零下 50 摄氏度！六月份这里也可能出现霜冻天气。

当地人说

日加耶夫家的果沙、米沙和萨沙，9岁、5岁、3岁

"我们住的这条街是以探险家格奥尔吉·谢多夫的名字命名的。'淘金溪'动物园里有一只北极熊也以他的名字命名。"

叶夫多基娅·鲁夏耶娃，8岁

"我平时练体操，还去艺术学校学习绘画和小提琴。"

以利亚·叶列梅耶夫，10岁

"我会拉小提琴，弹钢琴。以前我想当指挥，现在想做音乐家。"

这座城市建于1628年，是西伯利亚最古老的城市之一。1690年，克拉斯诺亚尔斯克已经设市，当时这里只有不到一千名居民。1735年，西伯利亚大道经过此地，城市也随之发展起来。1773年的大火以后人们按照欧式风格对城市进行了重建。19世纪，开辟了一座城市花园（也就是现在的中央公园），根据康斯坦丁·托恩的设计修建了圣诞大教堂（于1936年被炸毁），开设了公共图书馆和市立公共博物馆，开始有轮船在叶尼塞河上航行。后来人们在叶尼塞省发现了金矿，西伯利亚大铁路也开始途经此地，这座城市开始飞速发展。20世纪初，人们已经用上了电和自来水。1895年，这里修建了第一座火车站，但当时还没有跨河大桥，只能用渡轮将列车运过河，冬天有时铁轨会直接冻住。三年以后修建了横跨叶尼塞河的大桥，这座大桥在布鲁塞尔的世界博览会上获得了金奖。如今这座大桥已经被拆除，人们另外修建了两座铁路桥。现在的克拉斯诺亚尔斯克是工业、科学、运输和文化中心。每年这里都会举办克拉斯诺亚尔斯克图书文化大集——这是莫斯科市以外全俄最大的书市。

10卢布纸币上绘有两座克拉斯诺亚尔斯克的地标：圣帕瑞斯科夫小教堂（1855年）和叶尼塞河上的中心大桥（1961年）。

鱼生——将生鱼冰冻后用刀切成块，可以蘸着盐和胡椒粉吃。

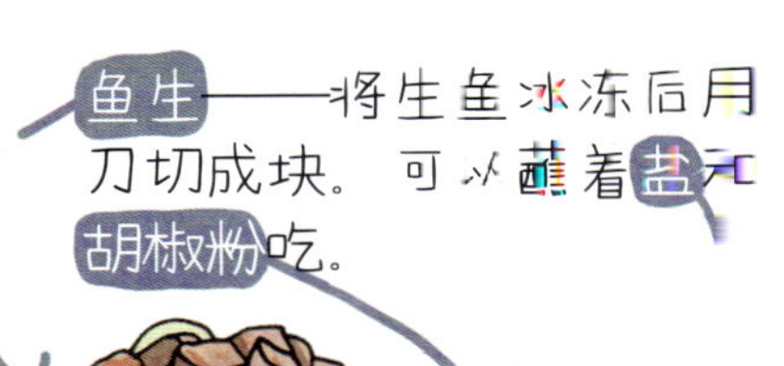

风蚀柱和高山滑雪道

斯托尔贝石林自然保护区是东萨彦岭的一部分，毗邻克拉斯诺亚尔斯克。它得名于山体的独特形状。自然保护区旁边的森林里坐落着"淘金溪"动物园。山上还有索道和"海龙沟"高山滑雪道。

克拉斯诺亚尔斯克的建筑

天主堂——以利亚觉得这是市里最漂亮的建筑。

地方志博物馆

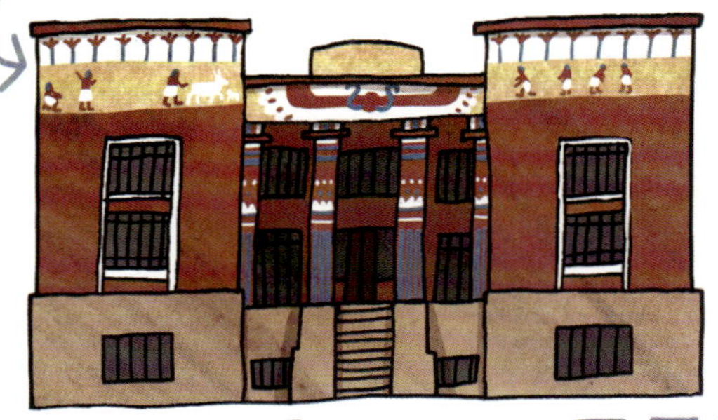

文学博物馆

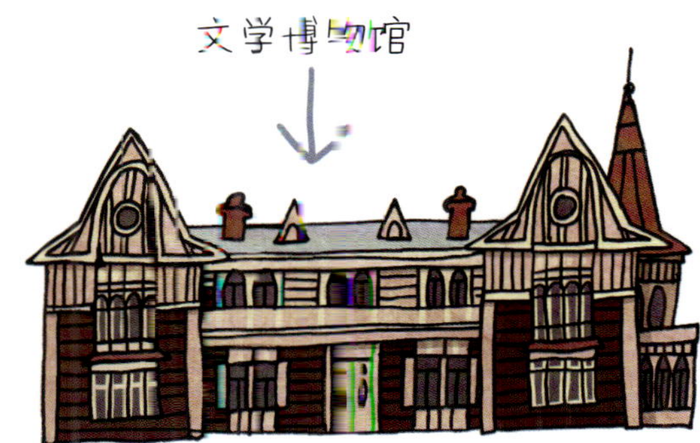

叶尼塞河边有一座独特的埃及风格建筑，那就是地方志博物馆，它建于1889年，是西伯利亚最古老的博物馆之一。位于十二月党人路上的主显圣容天主堂建于1911年，属于哥特风格。这里会举行礼拜仪式和管风琴演奏会——音响效果非常棒。而这座19世纪的新艺术风格的木制商人府邸现在则是文学博物馆。

"我们住在布加奇火车站旁边，这是市区里最新的火车站。我们喜欢去火车站散步，在天桥上向过往的列车招手，司机会用汽笛声回应我们。"

——果沙、米沙和萨沙

香獐子生活在东西伯利亚的森林中，和鹿很像，但数量较少。尽管香獐子是食草动物，雄性香獐子的上唇下面却长着两根又长又弯的獠牙。香獐子体内有一种特别的腺体，雄性香獐子能够用它分泌麝香，这是一种具有强烈香气的物质，可以用于香料的制作。

香獐子

克拉斯诺亚尔斯克不时有地震发生！

熟悉这座城市

老城区位于西岸，也就是左岸。20世纪初右岸只有一些哥萨克村镇，包括托尔加希诺、拉列金诺、兹洛宾诺。如今，它们都成了克拉斯诺亚尔斯克的一部分。市中间还有一些小岛。其中两座岛上修建了操场、体育馆以及供市民休闲的地方，一座叫奥德赫岛，另一座叫塔特舍夫岛。

老城区

叶尼塞河

塔特舍夫岛（一定要在这里散散步。）

奥德赫岛

乌亚尔站
（乌亚尔市）

距莫斯科 4237 公里　东七区
停车 1 分钟　一月 -16℃
12074 人　七月 24℃

这座火车站原来叫蔓越莓站。现在市徽里还画着一枝蔓越莓。

这座城市得名于乌亚尔卡河。大概在 1760 年这里设立了西伯利亚大道驿站。1781 年前形成了 30 户人家的乌亚尔村。19 世纪，来自拉脱维亚、乌克兰、俄罗斯伏尔加河地区和奥廖尔省的移民来到这里。沿着西伯利亚大道被递解押往西伯利亚的流放犯都要经过乌亚尔。1874 年，这里甚至修建了一座教堂，为流放途中死去的犯人举行葬礼。不过 1938 年到 1946 年的八年时间里教堂是关闭的。1895 年，这里修建了西伯利亚大铁路的乌亚尔站。1922 年，村里修建了第一座工厂，是一座砖厂。到了 1944 年，乌亚尔发展成一座城市。

当地人说

马克西姆·阿尔任维金，10 岁

“我的爸爸和爷爷都在铁路上工作。爸爸是信号员，爷爷是技术设备维护工程师。”

信号员要保障运行安全，参与列车运行的安排与调度工作。视觉信号很常见，包括各种标识牌、信号牌以及晚上才能看见的信号旗和信号灯。还有很多听觉信号，它们简直就是一个乐队：机车汽笛、口笛、手持喇叭、号角、机车喇叭和响墩。响墩的爆炸声意味着必须立即停车。

“爷爷特别喜欢钓鱼。我们喜欢用腌、烤、煎、熏的方法烹制河鱼。奶奶特别会做填馅狗鱼。”

一定要爬到鞑靼山上，那里有一片松林。从那儿可以看见城市的美景，在那里还能畅饮美味又纯净的泉水。

水塔——乌亚尔的标志

“伊万-库巴拉节这天在我们市的机械师路上会举行一场大战，用的是水枪、水瓶和水桶。”

以前车站上会卖蔓越莓蜜糖饼干！

巴尔加河

扎奥焦尔内市

扎奥焦尔内站

（扎奥焦尔内市）

距莫斯科 4272 公里

停车 1 分钟

10286 人

东七区

一月 -16℃

七月 24℃

当地人说

阿尼娅·季米亚年科，25 岁

从扎奥焦尔内站坐电气火车 3 小时就能到达克拉斯诺亚尔斯克，去东西伯利亚和西西伯利亚的各个城市也很方便，例如坎斯克、阿钦斯克、伊尔库茨克和新西伯利亚。从这里还可以出国：2008 年阿尼娅去过中国。

这座城市位于坎河的支流巴尔加河畔。1776 年，移民们从约 200 公里外的圣神降临盐场来到这里开采云英。他们聚居的地方称为圣三一—扎奥焦尔内，七个湖泊围绕在它四周。从 1934 年开始，这里成了工人居住地，1948 年设市，云英厂至今仍在营业：扎奥焦尔内附近有云英矿和金矿。20 世纪 30 年代初，扎奥焦尔内被称作“富农村”，因为被流放的富农在这里工作。其中很多富农来自附近的村子。这里的第一批房子，也就是云英矿场的简易板棚一直保留至今。火车站修建于 1899 年，是一个货运站，长途列车会在这里短暂停留，以便进行必要的技术检查。

“云英厂在很长一段时间里都是这里的主要产业。我曾祖母的一个亲戚曾经在那里做切割工。切割工会领到特制的钢刀来切割云英石板。”

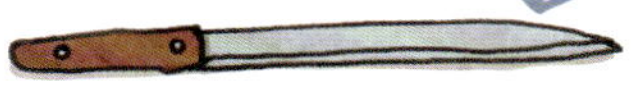

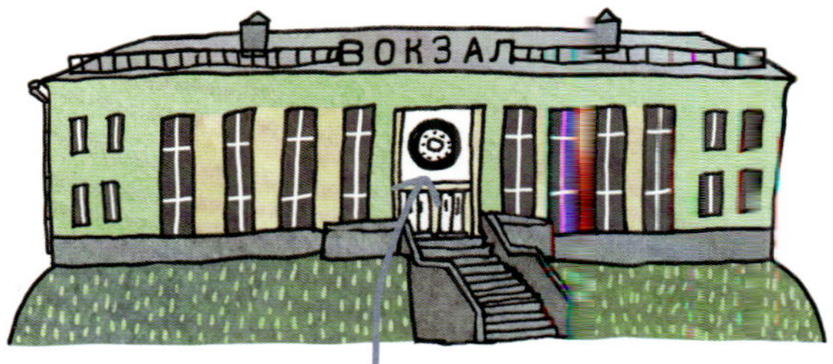

火车站的重要部件——挂在正门上的黄道十二宫钟表

扎奥焦尔内近郊的植物

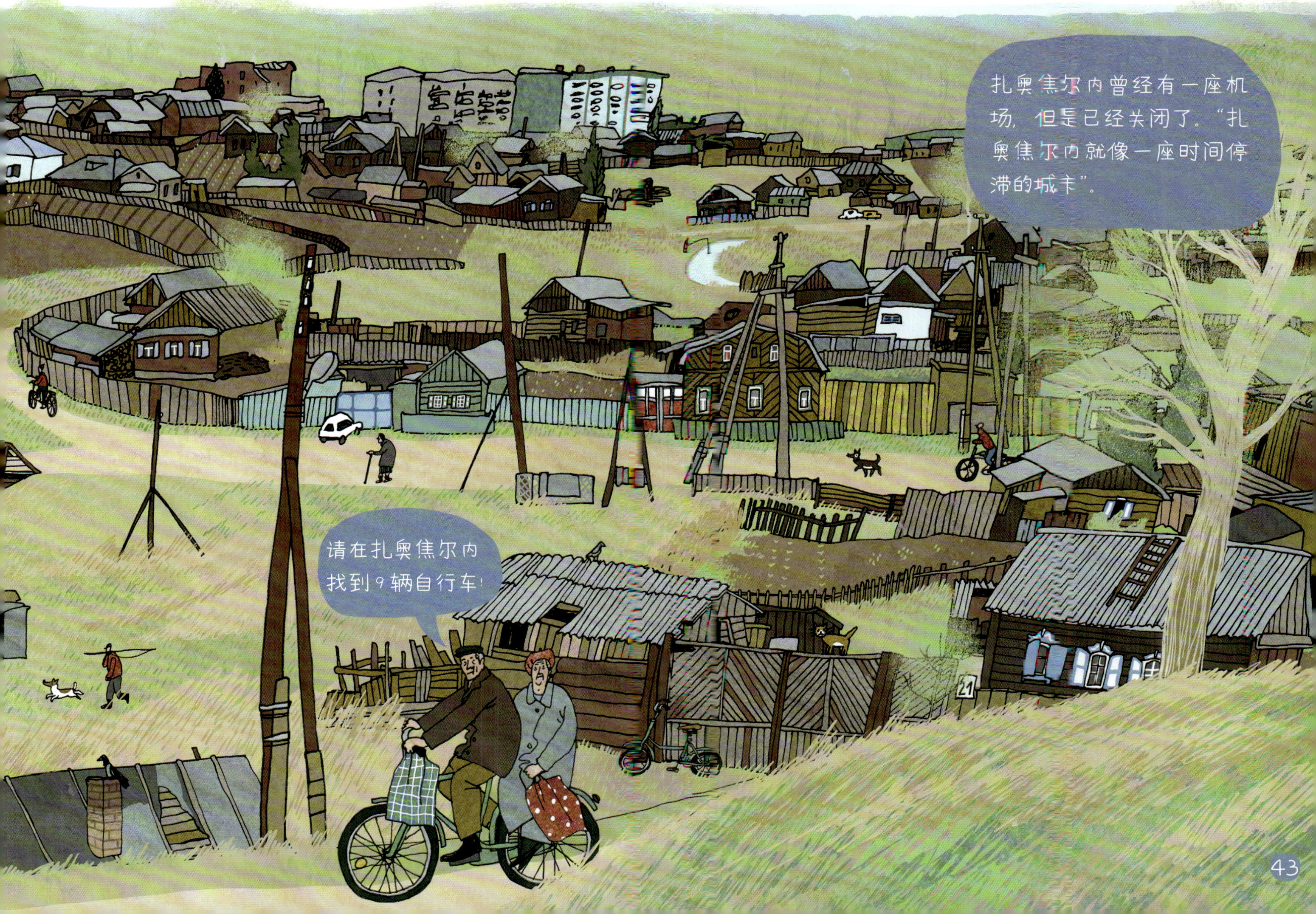

扎奥焦尔内曾经有一座机场，但是已经关闭了。“扎奥焦尔内就像一座时间停滞的城市”。

请在扎奥焦尔内找到 9 辆自行车！

坎斯克-叶尼塞斯基站

（坎斯克市）

停车 2 分钟　　东七区

距莫斯科 4353 公里

90231 人

一月 -17℃

七月 25℃

当地人说

霍夫里奇家的安娜和叶卡捷琳娜，15 岁、17 岁

“坎河从我们市穿流而过，城市也因此而得名。我们生活的居住区几乎就在河边。从春天到秋天我们都喜欢在河边的大自然中散步。”

在远征西伯利亚的过程中，哥萨克军队从克拉斯诺亚尔斯克沿叶尼塞河顺流而下，并且在坎河岸边过冬，后来他们便在此处修建了坎斯克堡垒。冬天可以从这里用雪橇运送贵重的毛皮到达克拉斯诺亚尔斯克。要塞里驻守着 50 名哥萨克士兵，每年驻军都会更换。驻军的主要任务是向当地人和鞑靼人征收牙萨克，也就是毛皮税。这里的生活危机四伏，因为附近的好战民族时常进行突袭，直到 1717 年堡垒中才有常住民。1722 年，坎斯克建造了第一座石制建筑——救世主教堂，随即又开始修建从莫斯科到西伯利亚的大道。从克拉斯诺亚尔斯克到坎斯克再到图伦都设立了驿站。坎斯克兴盛起来，1782 年，它从村庄变成了县城。苦役犯被流放至此，还有许多移民自发从俄罗斯中部来到这里。19 世纪末，坎斯克和俄罗斯帝国的其他部分联系更加紧密，先是有了电报［圣彼得堡—符拉迪沃斯托克（海参崴）电报线］，然后则是西伯利亚大铁路。1897 年，第一批乘客从克拉斯诺亚尔斯克抵达坎斯克火车站。同一时期坎斯克还修建了横跨坎河的铁路桥。很快坎斯克迎来了另一些新技术——开设了“颓废”和“喝彩”两家电影院。革命以后这里出现了剧院和无线电台，还修建了横跨坎河的公路桥和第二座铁路桥。20 世纪 30 年代坎斯克开始用木板和石头铺设道路，并且修建了供水系统。

商人菲利莫诺夫的老磨坊（现在是制粉联合工厂。）

根据 18 世纪旅行者的记载，当地人过去不吃面包，而是用黄色欧洲百合的鳞茎代替。

常用俄语

МНЕ ПЛОХО.

我不舒服。

坎斯克有很多苏联时期的手工艺品。

ЦИРК НА ЛЬДУ

22

莫斯科街

松林中的植物

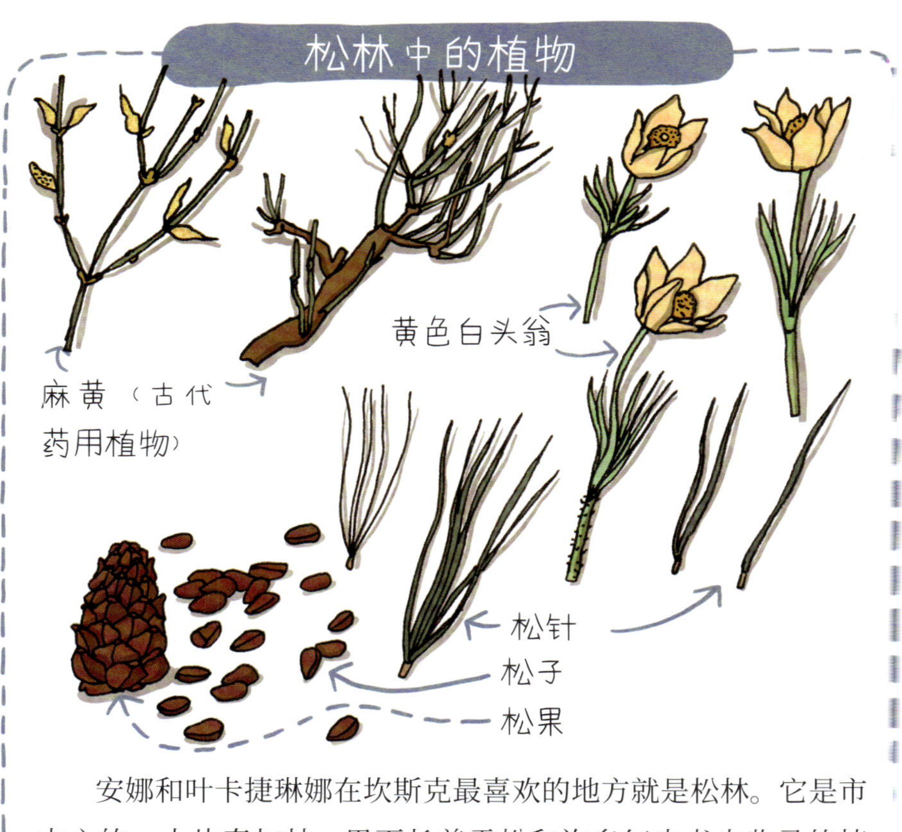

安娜和叶卡捷琳娜在坎斯克最喜欢的地方就是松林。它是市中心的一大片泰加林，里面长着雪松和许多红皮书中收录的植物，松鼠和一些稀有鸟种也生活在这里。

崖·霍巨姆，1940—1947年被关押在克拉斯诺亚尔斯克劳改营。

从1938年开始，克拉斯诺亚尔斯克劳改营设在坎斯克，直到1948年才迁往列舍特。囚犯们在这里伐木，修建运输木材等货物的铁路，烧砖，制作滑板和家具。克拉斯诺亚尔斯克劳改营有好几个营地，1938年1月，这里共有28000名囚犯。现在这里还保留着囚犯的窑洞以及内务人民委员会的办公楼。

公墓里的卫国战争烈士纪念碑

安娜和叶卡捷琳娜很喜欢活水街，这条街在一条小溪旁。

坎斯克人会庆祝坎斯克煎饼节。

孩子们做什么？

去溜冰场，去艺术学校，去"宇宙"电影院和青少年中心——在那里可以跳舞唱歌，举办摇滚演出和说唱比赛。还可以参加旅行俱乐部，练习拳击、合气道和冰球。

坎斯克的艺术节

坎斯克从2002年开始举办国际坎斯克视频节。起初大家对这个节日持观望态度，但后来人们不仅逐渐接受了视频节，甚至开始习惯于它的存在。为城市留下一些东西是视频节的传统，先是棕榈大道，然后是钟楼、无名艺术家纪念碑、电影广告和焕然一新的堤岸。

坎斯克的棕榈大道

请在坎斯克找到5棵棕榈树！

1890年5月31日，契诃夫曾路过坎斯克，还在车站喝了一碗红菜汤！

坎斯克有很多19世纪的木屋，它们都很陈旧，有的甚至坍塌了。

旁边是文化休闲中央公园。

泰舍特站
（泰舍特市）

距莫斯科 4524 公里
停车 3 分钟
33367 人

东八区
一月 -29℃
七月 20℃

当地人说

加尔达金家的两兄弟马克西姆和瓦季姆，10岁、15岁

他们就读的中学是以苏联英雄尼古拉·德米特里耶维奇·帕霍季舍夫命名的。他们住在胜利街（以前叫绿街），街道长 3200 米，宽 50~60 米。

泰舍特坐落在比留萨河的河谷上，南部是萨彦岭的支脉。1897 年，这里形成了西伯利亚大铁路沿线居住区，1938 年设市。如今，泰舍特是连接四个方向的重要枢纽：有西伯利亚大铁路，贝加尔—阿穆尔大铁路（贝阿铁路起始于泰舍特，位于西伯利亚大铁路北部，终点是太平洋岸边的苏维埃港），还有去往哈卡斯共和国和克麦罗沃州的铁路。市里有铁路工人文化宫、机车乘务组休养所和培养铁路员工的寄宿学校。从 1938 年到 20 世纪 50 年代末期，泰舍特曾是古拉格（苏联政府的机构，负责管理劳改营——编者注）的中心之一，泰舍特劳改营、南部铁路劳改营以及后来的湖滨劳改营都在这里。囚犯们在这里修建新的铁路线，但计划被战争打断了。贝阿铁路本应成为第二条西伯利亚大铁路，这条新干线在战前就已经开始修建，但直到 1989 年才投入运行。囚犯们还在市里建造了住房等建筑，其中很多建筑至今仍在使用。

通古斯陨石就落在泰舍特 30 公里之外的地方！

这座水塔以前用于储存蒸汽机车用水，现在是国家保护建筑。

从莫斯科到符拉迪沃斯托克（海参崴）的列车

泰舍特的昆虫

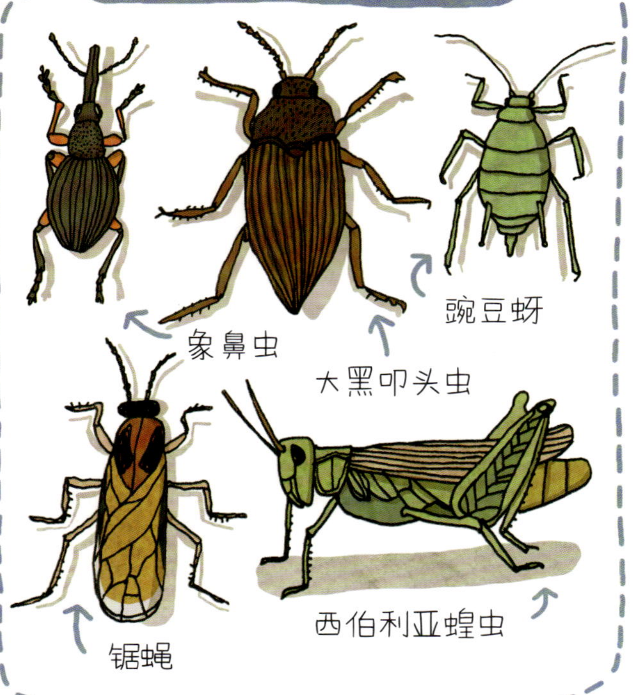

象鼻虫

大黑叩头虫

豌豆蚜

锯蝇

西伯利亚蝗虫

苏联卫国战争中牺牲的 85 中学师生纪念碑

沙尼卡饼——一种用发酵面粉制作的开口馅儿饼。

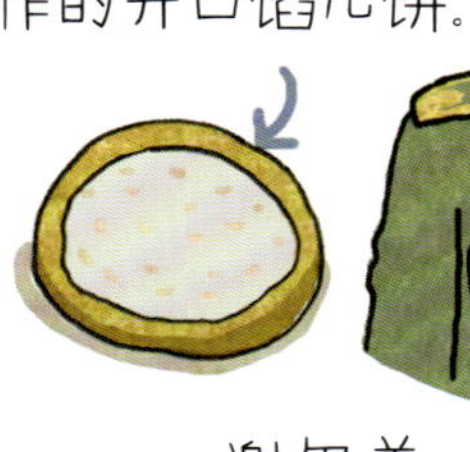

谢尔盖·沃伊切霍夫斯基曾在泰舍特附近的湖滨劳改营服刑。

谢尔盖·沃伊切霍夫斯基曾是西伯利亚白军的将领，1920 年 1 月，他曾在济马站大败红军。苏俄内战结束后，他逃到捷克斯洛伐克，仍旧在部队服役。1945 年，他在布拉格被捕，随后来到泰舍特附近的湖滨劳改营服刑，1951 年在劳改营中去世。

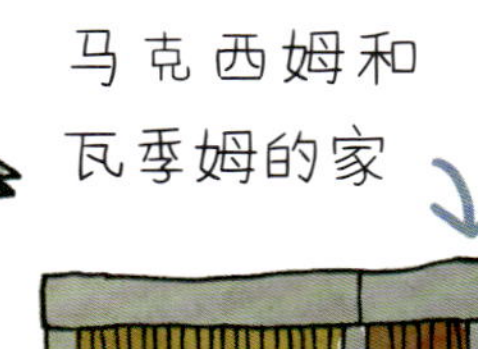

交嘴雀

马克西姆和瓦季姆的家

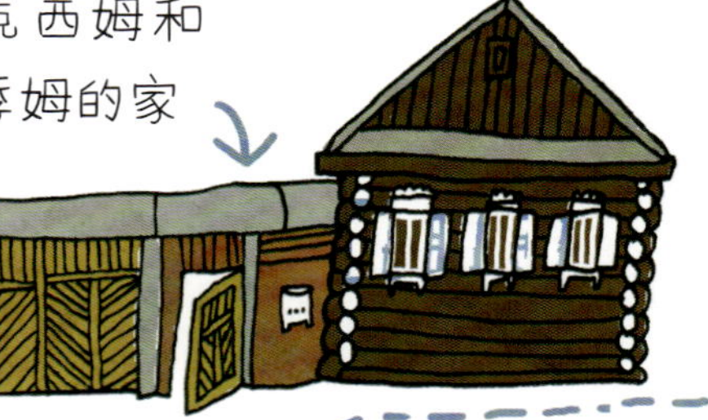

泰舍特有一座地方志博物馆！

伶鼬——泰舍特地区体形最小的捕食者。

“我们的爸爸在铁路上工作，他是维护自动机械设备和技术设备仪表的电气机械师。我们最爱的爷爷以前也在那里工作，他在机车库做了很多年验收员。”

马克西姆和瓦季姆的爸爸

T34 坦克纪念碑

战争时期司机和锅炉工都去了前线，在西伯利亚大铁路上开车的都是女司机。玛利亚是泰舍特机务段的第一位女司机。

玛利亚·叶梅利扬诺娃，火车司机

济马站

（济马市）

距莫斯科 4943 公里

停车 30 分钟

31229 人

东八区

一月 -20℃

七月 18℃

叶夫根尼·叶夫图申科是一位生于济马的诗人，如今这里有他的故居博物馆。

当地人说

塔尼亚·瓦西里耶娃，12 岁

她建议我们去看看胜利公园、喷泉和“俄罗斯”电影院。塔尼亚的爸爸是养路领工员，负责铁路维修工作。

1743 年，这里就设有西伯利亚大道驿站。冬天这条干线可以运输金子、毛皮和鱼类等货物，夏天有人乘车旅行，士兵和苦役犯则只能步行前进。当时人们只能坐渡船跨越奥卡河，19 世纪末随着西伯利亚大铁路的建设，这里修建了跨河大桥。车站附近形成了铁路员工的居住区，人们建造了修理厂和机车库，还修建了学校和教堂。1917 年济马设市。20 世纪 50 年代西伯利亚大铁路开始实现电气化——从蒸汽动力转向电气。为了纪念该事件，人们在车站立起了一座 VL22M-692 型号电力机车纪念碑。

养路设备

千斤顶

管道扳手

电动枕木捣固机

塔尼亚的爸爸

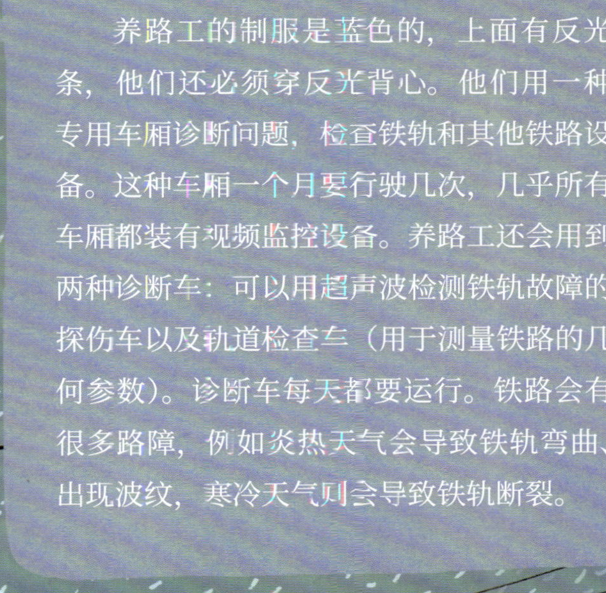

养路工的制服是蓝色的，上面有反光条，他们还必须穿反光背心。他们用一种专用车厢诊断问题，检查铁轨和其他铁路设备。这种车厢一个月要行驶几次，几乎所有车厢都装有视频监控设备。养路工还会用到两种诊断车：可以用超声波检测铁轨故障的探伤车以及轨道检查车（用于测量铁路的几何参数）。诊断车每天都要运行。铁路会有很多路障，例如炎热天气会导致铁轨弯曲、出现波纹，寒冷天气则会导致铁轨断裂。

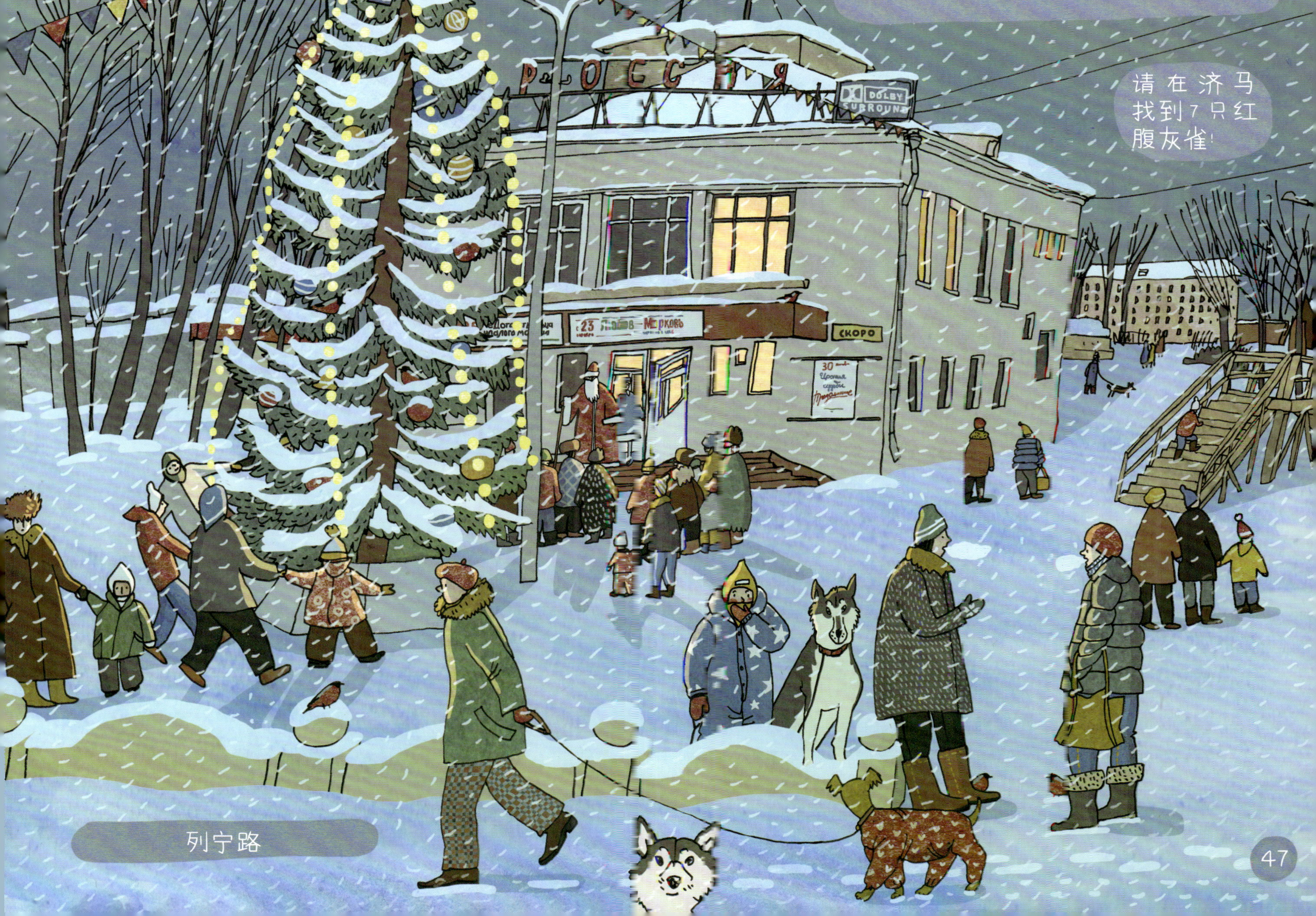

请在济马找到 7 只红腹灰雀！

列宁路

扎拉里站

（扎拉里市）

距莫斯科 4998 公里

停车 2 分钟

9576 人

东八区

一月 -22℃
七月 23℃

当地人说

阿尼娅·格尔斯卡娅，11 岁

她喜欢在塔格纳河和扎拉林卡河里游泳，冬天就去体育场溜冰、玩狗拉雪橇。

阿尼娅有一只品种很特别的大型犬——芬兰拉普猎犬。“它们能拉雪橇，可以在雪地上拉小孩子。它们很聪明，喜欢小孩子，被人带出门的时候会特别开心，尤其是在下雪天。只要有它你就绝对不会挨冻。”

在 16—17 世纪的西伯利亚，货物只能通过水路运输。18 世纪人们修建了西伯利亚大道，从秋明到涅尔琴斯克（尼布楚）沿途设有驿站，由当地人负责管理。当时这里生活着一些哥萨克、手艺人、皮毛贩子和农民，人们沿着大道建造了许多村庄。扎拉里就是这样出现的，现在这里还有一条街叫作大道路。19 世纪时这里人口逐渐增多，其中大部分是流放犯。当地人非常怜悯这些苦役犯，到了晚上人们会在大道沿途小木屋的窗台上摆上面包和牛奶。扎拉里人带这些“可怜人”去澡堂洗澡，请他们吃挂锁形的面包和发面馅儿饼。随着铁路和车站的出现一切都变了：从 1897 年到 1917 年有约 18 万人移居到伊尔库茨克省！这些移民被叫作步行者，尽管他们不是步行，而是坐火车来到这里的。20 世纪的头 10 年扎拉里附近出现了很多新的村庄，其中一些村庄里生活着来自莫吉廖夫省的白俄罗斯人，老一辈的村民至今还使用自己的语言，保留着那些久远的民歌与民俗。

阿尼娅最喜欢卡尔·马克思大街，那里有很多稠李树。

狗狗丽莎

阿尼娅家吃什么？

蕨菜沙拉

西伯利亚饺子

松乳菇

黄油大蒜拌土豆

韩式土豆泥

鞑靼馅儿饼

扎拉里的房子用木柴烧火取暖。

林当归

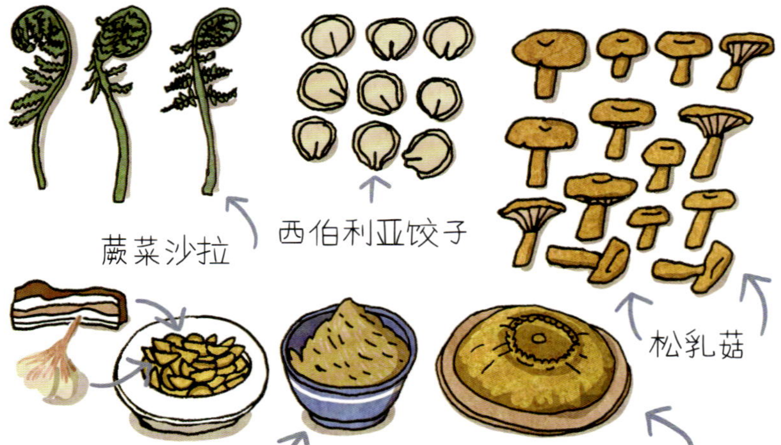

苏联卫国战争期间，被疏散的列宁格勒人来到扎拉里和其他村子里。列宁格勒的女人将口红带到村里，扎拉里人都没见过口红，所以当地人把列宁格勒的女人叫作“红嘴唇的人”。
榛鸡
扎拉里圣尼古拉教堂
扎拉里的景点：
海军纪念碑
18 世纪西伯利亚勘察队成员雅各布·林德瑙的纪念碑
市场上能买到什么？
住在森林里的人会来卖泰加林里的浆果。
河鱼
牛奶
奶渣
酸奶油
啄木鸟
金莲花
风铃草
扎拉里人从五月初就开始采集和储备蔬菜。
阿尼娅妈妈种的番茄苗
村子边上的加油站
据当地居民说，1945 年战争胜利后，康·康·罗科索夫斯基元帅乘飞机来到扎拉里。飞机就降落在如今加油站所在的位置。所有男孩子都跑去看飞机！罗科索夫斯基到集市上和人们聊天儿。但是这个故事没有任何文件可以证实。
罗科索夫斯基元帅
“不久前我们买了一匹小马驹，给它起名叫恰拉。它全身漆黑，只有额头上的星形标记和一条腿是白色的。我们用车从莫伊干村把它拉了回来。它很害怕，我们暂时让它待在菜园里。我们给它盖了马厩，用燕麦和干草喂它。它不让任何人牵，还很有野性。也许它在想念妈妈呢。”
小马恰拉
扎拉里一共有 135 条街道！
玛莎，去吃饭了！
这就来！
飞廉
银莲花
咩咩咩
扎拉林卡河

西伯利亚乌索利耶站（西伯利亚乌索利耶市）

当地人说

阿丽娜·穆拉托娃，11 岁

“我们市几乎所有房子都是五层，我家也是。唯一一座九层楼的建筑成了市里的地标。我住在红色游击队大街，晚上可以听见过往火车的声音。”

阿尼娅·戈里亚兹诺娃，8 岁

“20 世纪 30 年代我爷爷的姥爷安东·伊万诺维奇·舍伊巴克曾担任火车站站长。他的两个女儿也都在铁路上工作，一个是售票员，一个是检查员。”

乌索利耶生产的食盐

距莫斯科 5126 公里

停车 2 分钟

77989 人

东八区

一月 -17℃

七月 27℃

从 1903 年设站开始，直到 1957 年，当地火车站的名字一直是“安加拉”，因为它位于安加拉河畔。1669 年，这里的采盐场附近开始出现村庄，河中有一个岛就叫熬盐岛（岛上有盐田）。1765 年，制盐厂被收归国有，苦役犯变成了这里的工人。盐田的工作非常艰苦，而且对身体有害，因为盐会腐蚀人的皮肤。1956 年以前，人们一直按老办法制盐。现在这里有一家生产“特优”牌食盐的工厂，它是西伯利亚最大的工厂之一。西伯利亚乌索利耶于 1925 年设市。20 世纪 30 年代这里已经有化学厂、文化宫、电影院和供水系统，还有一座举行集体农庄赛马会的跑马场！在距离西伯利亚乌索利耶不远的马尔塔湖上有一处已经经营百年的泥疗疗养地。

“我们市几乎所有的房子都是五层，我家也是。”——阿丽娜

“冬天安加拉河上泛起雾气，树木会蒙上一层霜，在古西伯利亚语中这叫‘树挂’。”——阿尼娅

请在西伯利亚乌索利耶找到 10 只小鸟！

卢那察尔斯基路 37 号

伊尔库茨克客运站

（伊尔库茨克市）

距莫斯科 5194 公里

东八区

停车 30 分钟

一月 -17℃

七月 26℃

623869 人

当地人说

尼基塔·奥库洛夫，10 岁，以及他的猫“小豹子”

尼基塔喜欢乘火车旅行，他就住在火车站旁边。火车站的名字是伊尔库茨克客运站。

玛利亚·卡尔波娃，18 岁

她是一位钢琴家，现在在莫斯科的音乐学院读大学，但她总是回家乡伊尔库茨克度过假期。

1661 年，人们修建了伊尔库茨克堡垒。但早在石器时代就有人在这里生活。1790 年，伊尔库茨克被恩准使用自己的徽章，上面是一只嘴里叼着紫貂的老虎（阿穆尔虎，即东北虎）在奔跑。老虎象征着智慧和力量，紫貂则代表西伯利亚的财富。当时，伊尔库茨克几乎立刻就成了俄罗斯的政治和经济中心之一。19 世纪末，它逐渐丧失了自己的地位。根据最初的规划，铁路线并不经过伊尔库茨克，而是从它北边绕过去。但这座城市是幸运的，1898 年火车开始从城中驶过。1907 年这里修建了火车站。车站位于安加拉河畔，当火车向遥远的东方驶去，从车窗可以看见河流、岛屿和新学院大桥。在长途车售票处的墙上有一块牌匾，它是为了纪念 1920 年 1 月 15 日白军海军上将亚历山大·瓦西里耶维奇·高尔察克被捕的事件。高尔察克的名字和这座城市紧密地联系在一起：早在苏俄内战以前，他就来过好几次；1919 年 11 月，他把临时政府从鄂木斯克搬到了这里。

“我家的小木房子坐落在格拉兹科夫山的山顶上，到火车站只要 20 分钟。街道在山岭上，这里地势最高，安加拉河在山下流淌。晚上，城市里的灯光亮了起来。有时我们还能听见火车绕山而行的声音。”

——尼基塔

尼基塔的家

尼基塔家的菜园里有什么？

老式木房子一般没有自来水，居民要从院子里的水龙头接水。

伊尔库茨克的木雕

伊尔库茨克在很长时间里都只有木制建筑，至今还保留着许多有木框装饰的老房子。在这里可以看到巴洛克风格、古典风格和现代风格，或是不同风格融合在一起。

房檐

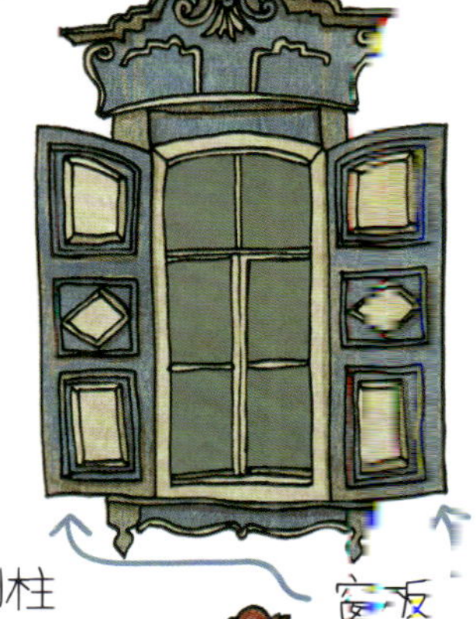

窗台板

房檐板

侧柱

窗板

去哪里转转？

尼基塔的建议：

130 街区

可以去著名的 130 街区逛逛，这里重新复原了 19 世纪伊尔库茨克的古老木制建筑。

雅克比沙滩

雅克比沙滩的水上自行车

尼基塔认为，伊尔库茨克最美的建筑是“欧洲之家。”

玛利亚的建议：

听听音乐

伊尔库茨克有一座音乐厅，就在河流右岸的“复活节大道”上，夏天还可以在街头看乐队演出，跳跳舞。

伊尔库茨克音乐厅

伊尔库茨克经常地震！

斯柳江卡 1 号站

（斯柳江卡市）

距莫斯科 5320 公里

停车 2 分钟

18241 人

东八区

一月 -15℃

七月 22℃

当地人说

来自伊尔库茨克的尼基塔·奥库洛夫，10 岁

尼基塔住在伊尔库茨克。但他为了本书特意赶了 126 公里路去了一趟斯柳江卡。

1904 年修建的大理石车站在贝加尔湖和铁路之间，找到它可不太容易。环贝加尔湖铁路只有一个这样的车站！它所使用的粉色和白色大理石就是在斯柳江卡开采的。

斯柳江卡火车站博物馆收藏的东萨彦岭矿石

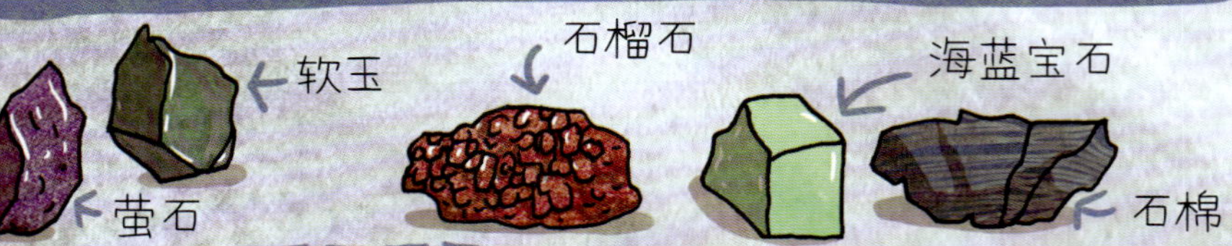

17 世纪时，哥萨克建造了斯柳江卡冬营。斯柳江卡有云母的意思，因为这里是云母产地。以前人们用云母代替玻璃做窗户，后来云母则应用于工业与工程。20 世纪 70 年代以前，这里一直是云母开采地。西伯利亚大铁路的环贝加尔湖铁路（环贝铁路）段从南边绕过贝加尔湖，然后经斯柳江卡沿湖抵达贝加尔火车站，再从这里通往伊尔库茨克。这段铁路于 1889 年开始修建，1905 年通车。通车之前人们只能用破冰渡轮将列车从火车站运到湖对岸。环贝铁路是西伯利亚大铁路最难修的一段，因为湖岸十分陡峭。60 公里的铁路线上共有 39 个隧道、16 个半隧道、大约 50 座旱桥和跨河大桥以及 280 座挡土墙。参与工程的有意大利人、土耳其人、黑山人和希腊人：他们在欧洲修建山地铁路的经验为工程师们提供了帮助。1949 年以前，环贝铁路是西伯利亚大铁路主线的一部分，如今从贝加尔火车站到伊尔库茨克的老铁路线已经被伊尔库茨克水库淹没了。从斯柳江卡到贝加尔火车站的支线已经成了尽头式线路。如今这里行驶的是“莫塔尼亚”号旅游列车。

请在斯柳江卡找到 6 只猫！

落叶松

苦苣菜

斯柳江卡的木房子是 20 世纪初修建的临时住所，但是当地人说这些房子非常坚固，比后来盖的房子还要好。

在贝加尔湖滑冰的柳芭奶奶

每年 12 月或 1 月，贝加尔湖会开始结冰，到了 3 月份冰层能达到一米厚。

乌兰乌德站（乌兰乌德市）

距莫斯科 5650 公里
停车 30 分钟
434869 人
东八区
一月 -19℃
七月 26℃

当地人说

阿纳斯塔西娅·帕夫洛娃，20 岁

她在布里亚特国立大学攻读生态-自然资源利用专业。夏天学生们要在野外度过一个月，在山中对土壤、水源和空气进行研究。

柴金家的塔尼亚和安德烈，11 岁、9 岁

塔尼亚和安德烈家的房子以前是上乌金斯克蒸汽机车修理厂的工人住房。

乌兰乌德是俄罗斯联邦布里亚特共和国的首府，1934 年以前，它叫上乌金斯克。乌第河与色楞格河都流经此地，城市两面环山，分别是哈马尔达坂山和察汗达坂山。17 世纪中期，哥萨克部队抵达此处，当时生活在这里的是埃文基人（即鄂温克族，那时叫通古斯人）和布里亚特人。其实新石器时代这里已经有人居住，1927 年在伊沃尔金斯克河的河口发现了一座匈奴古城，这个遗迹可以追溯到公元前 2 世纪到公元 1 世纪。

1666 年，这里修建了乌金斯克堡垒。1689 年改称上乌金斯克。通往中国和蒙古的贸易路线在这里交会，城市因此迅速发展起来。19 世纪末，上乌金斯克设有市议会、中学、技术学校和图书馆，1891 年还修建了第一座发电站。然而当时这里没有供水和排水系统，路面没有铺石，步道也是木制的。1891 年，西伯利亚大铁路开始修建，当时的皇储，后来的沙皇尼古拉二世曾来到这里，为了纪念他的到来人们修建了一座木制凯旋门。1899 年 8 月 19 日，第一列火车抵达上乌金斯克火车站。苏联内战时期该城市曾多次易主，布尔什维克、捷克斯洛伐克军团、卡普佩尔军队、谢苗诺夫军队、美国和日本武装干涉者都曾在此地驻扎。在 1920 年的几个月里，上乌金斯克甚至成为远东共和国首府。

乌兰乌德人冬天都喜欢溜冰！1920 年冬天，人们在乌第河上开设了第一个溜冰场，那里有带暖气的小屋和穿溜冰鞋用的小凳子。

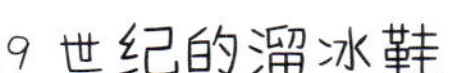

19 世纪的溜冰鞋

现在的溜冰鞋

汉波喇嘛达姆巴·阿育谢耶夫

在苏联卫国战争结束后的 1946 年，位于乌兰乌德附近的伊沃尔金斯克喇嘛寺成了苏联的佛教中心。汉波喇嘛是佛教徒的领袖，叶卡捷琳娜二世在 1764 年设立了该职位。但 1917 年革命以前，这里的居民们怀有各种不同的宗教信仰。

蒙古包子 / 蒙古蒸饺

在食堂、咖啡馆、小吃店和饭店里随处可见这种布里亚特人的传统食物。有人专门制作这种包子，还有专门的蒸屉，把包子放进去蒸 20 分钟就好了。

布里亚特人的传统冬靴叫乌恩特，它由鹿皮制成，非常保暖，穿上它在零下 50 度的环境里也不会被冻僵。这种靴子很贵，但很耐穿。

上乌金斯克是十二月党人被流放到赤塔的必经之地。十二月党人亚历山大·穆拉维约夫流放途中曾在这里停留过，他在 1819 年就退出了该组织，所以虽然被流放却没有被剥夺贵族身份。

亚历山大·穆拉维约夫

常用俄语

1. КАКАЯ ЭТО СТАНЦИЯ?
   这是哪一站？
2. КАКОЙ ЭТО ГОРОД?
   这是什么城市？

哲罗鱼是鲑鱼中体形最大的一种。

18—19 世纪，上乌金斯克是一个大型贸易中心，联排商场（1795 年）就是该时期遗留下来的建筑。

赤塔 2 号站

（赤塔市）

距莫斯科 6207 公里

停车 36 分钟

349005 人

东九区

一月 -10℃

七月 25℃

当地人说

娜斯佳·巴拉诺娃，13 岁

她在儿童铁路学校学做广播员和列车员。她住在赤塔的郊县扎索普卡，这里和赤塔市就隔着一条主干道。

“我们和其他俄罗斯人过一样的节日：谢肉节、圣诞节、复活节等。但我们也过布里亚特人的节日，例如查干萨日（也叫‘白月’，是农历的新年，也就是春节）是外贝加尔地区的法定节假日。”

“精彩”在这里是“好看”的意思。

这里是赤塔河汇入音果达河的地方，自古以来就有人居住：20 世纪 50 年代，人们在季托夫斯克山上发现了石器时代的工具和岩画。17 世纪哥萨克到来之前，在这里居住的是蒙古人、土库曼人、埃文基人和布里亚特人。1653 年，俄国探险家彼得·别克托夫建造了音果达冬营。1699 年这里修建了要塞——赤塔堡垒。但赤塔直到 1851 年才设市。十二月党人在赤塔的发展过程中扮演了重要角色。1827 年，85 名起义参与者被流放至此。尼古拉·别斯图热夫的水彩画向我们展示了赤塔那时的风貌，彼得·鲍里索夫则用画笔记录了外贝加尔地区的动物和植物。赤塔的城市规划与西伯利亚的其他城市不同，这要归功于另一位十二月党人德米特里·扎瓦利申，他从 1839 年开始在这里生活。1900 年人们修建了从赤塔到斯利坚斯克的铁路。1903 年赤塔与符拉迪沃斯托克（海参崴）通车，这里开设了俄罗斯地理协会分会，并且设有博物馆和图书馆。1905 年，“流血的星期日”事件发生后，人们在赤塔举行了集会和罢工活动。12 月 22 日，工人与士兵占领了邮局和电报局。但起义只持续了很短的时间：1906 年 1 月 22 日军队进入城市并将起义者逮捕，起义领导者在季托夫斯克山上被枪决。1920—1922 年，赤塔曾是远东共和国的首府。

外贝加尔地区有一种非常美丽的杜鹃花，每年春天它们会把漫山遍野都变成粉紫色。

“这座城市坐落在一个小盆地中间，四周全是长满森林的山岗，就像符拉迪沃斯托克（海参崴）一样，只不过这里不靠海”。

ПИВНОЙ ПИВНОЙ

茹拉夫列夫街

阿穆尔街

赤塔的建筑

舒莫夫宫殿——娜斯佳认为这是赤塔最漂亮的建筑。

布京路上的邮政总局大楼建于1923年，是城市的地标之一。

圣米迦勒教堂是赤塔最古老的木制建筑。

1828年4月4日在圣米迦勒教堂举行了十二月党人伊万·安年科夫和从莫斯科追随他而来的波琳娜·古布勒的婚礼。仪式期间新郎被准许解下镣铐。

位于赤塔河畔的儿童铁路学校建于1971年。它全长6公里，共有两个车站——"运动"站和"共青团"站。这里有学习铁路知识所需的全部设备：两列带有车厢的内燃机车、火车站、教学楼和修理厂。一座很大的教学楼和供来参观的小朋友居住的酒店是新修的。职工们烧热水和热茶用的锅炉和仅仅作为装饰的蒸汽机车是以前保留下来的。这可不是为了娱乐——学生们在这里学习如何在铁路上工作。俄罗斯一共有25所儿童铁路学校。

请在赤塔找到5个穿儿童铁路学校校服的小朋友！

致铁道迷

卡达拉镇有一个俄罗斯铁路的洗衣房。每天都有大量床上用品从火车站运到这里。工人将这些床上用品用专门的洗衣机进行清洗，然后晾干、熨烫，最后成套发放给乘客。

埃文基人是西伯利亚的土著。他们会养鹿，不过当然不是在赤塔啦。

"赤塔有很多商人府邸，它们点缀着这座城市。"

达拉孙站
（达拉孙市）
距莫斯科 6271 公里
莫斯科到符拉迪沃斯托克（海参崴）的列车在此站不停车
6896 人
东九区
一月 -16℃
七月 24℃
这些山岗是达拉孙地质构造的特色。
森林里有狍子、狐狸、野猪和野狼。
河的左岸几乎都是民房。
达拉孙有很多二层小楼、几座五层楼房和一座九层楼房。
音果达河
达拉孙的大部分居民都住在民房里。

这个市级镇位于音果达河畔，在赤塔市东南方向64公里处。1950年以前，它的名字是乌利祖图耶沃，更早之前则是哈拉曼古特和安阿基坎斯克村。这些地名早在18世纪初就已经存在了，著名的西伯利亚旅行探险家彼得·帕拉斯和斯捷潘·克拉舍宁尼科夫都曾提到过它们。西伯利亚大道途经乌利祖图耶沃，19世纪的农民们正是沿着这条大道往边疆地区移民。1897年人们建造环贝加尔湖铁路时，在此处设立第62号会让站，后来该站发展成达拉孙火车站。村镇居民也会耕种田地，但主要还是从事运输业：他们往赤塔运送货物或将病人送往矿泉疗养地。他们为此饲养用来骑乘的马匹，甚至还提供乘四轮敞篷马车游览的服务。列车将乘客们送到特尔格图伊镇，然后在返程途中运送矿泉水。现在泉水边已经修建了达拉孙疗养地。1901年，人们在外贝加尔地区发现了金矿，1916年开始进行开采。20世纪30年代人们曾在达拉孙矿场开采黄金与铂金。

1976年，赤塔师范学院的考古学家在音果达河右岸、达拉孙车站附近的考古挖掘点找到7座墓地。墓中有骸骨以及供死者在死后世界使用的饰品和武器。坟墓的年代在公元一千年左右，当时在外贝加尔地区东部居住着土库曼人、蒙古人和通古斯-满族人。

当地人说

阿琳娜·科诺瓦连科，14岁

阿琳娜的父母波琳娜和维克多在铁路上做列车员。

阿琳娜在第三初中老师加莉娜·谢尔盖耶夫娜·克雷洛娃的帮助下回答了我们的问题：“我家的房子是战后由日本俘虏建造的。我们学校一开始是木头房子，直到1958年达拉孙采矿设备制造厂才为镇上的孩子们盖了一座漂亮的石头校舍。”

考古挖掘点出土的文物

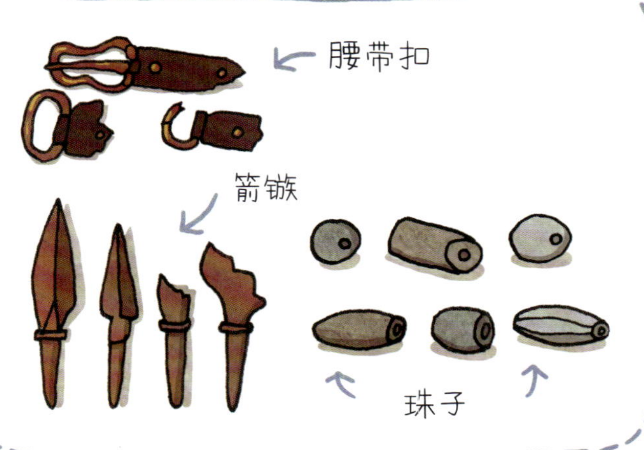

圣帕拉斯克娃教堂建于1893年，战后曾作为住宅使用，如今已经损毁。

阿琳娜家在郊外小屋种的蔬菜

“居民家里都种着蔬菜、水果。一些住在城市公寓里的人有郊区小屋，我家也有。”

20世纪20年代人们从邻镇特尔格图伊将一个富农的二层楼房搬到这里，并且在里面开设学校和俱乐部，放映电影。这座文化宫至今仍在使用，这里有很多兴趣小组，孩子们会在旁边的夏园里打篮球和俄式棒球。

穗醋栗

西伯利亚樱桃

这座碑纪念的是186名未能从战争中归来的达拉孙人。

请在达拉孙找到5只山羊！

“达拉孙是一个山地小镇。音果达河右岸矗立着许多高大的现代建筑，左岸的山脚下则散落着许多木头小房子。”

整个小镇用的都是河水！

鮈鱼

雅罗鱼

江鳕

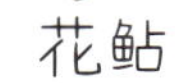

花鲇

鳡鱼

鳑鲏鱼

阿琳娜的父母已经在铁路上做了25年列车员。她妈妈最喜欢从赤塔到阿德列尔的线路，因为季节合适的时候可以在黑海里游泳，在城市里买水果。她爸爸最喜欢的是赤塔—莫斯科线，因为可以穿越并且游览大半个俄罗斯。他们不会同时工作，而是轮流值班，因为阿琳娜还有一个需要照料的小妹妹。阿琳娜说大部分列车员和乘客一样用带杯托的杯子喝茶，但有些人和她的爸爸妈妈一样自己从家里带茶杯。列车员的服务标准非常严格，他们几乎每隔半年就要参加技能培训课程。想成为列车员就必须学习俄罗斯铁路的专门课程。

阿琳娜的父母

阿穆尔河风光

远东

给旅行者的建议

旅行中的趣味

可以和同路人开心地聊天儿。可以在手机上下载离线地图，这样你就能知道窗外某条“好美好美”的河叫什么名字。还可以到最后一节车厢后面的过道，透过后窗欣赏飞逝而去的铁轨和远方的景色。

晚上列车停靠时下车走走是很舒服的。这里有黑夜、探照灯、夜晚的铁道世界以及旅行的独特感受。

如果在冬天乘坐老式火车旅行，可以把纸巾剪成雪花贴在窗户上，到了晚上它们就会冻成美丽的霜花。

还可以带一条灯串挂在床头上。

不要乱扔垃圾！桌子底下有个挂钩，可以挂一个袋子来装垃圾。

什马科夫卡站　乌戈利那亚站

哈巴罗夫斯克1号站　乌苏里斯克站　符拉迪沃斯托克站

火车上可以做什么？

读书、睡觉、看窗景、拜访周围的人。如果是长途旅行，可以绣花，写旅行札记，用画笔记录同行者和窗外的景色！

双层火车里都有儿童活动室。即使你不在这个车厢住也可以带孩子去玩。

买票和选座

硬卧车厢的1号铺要比其他铺位短一些。千万不要选车厢尾部一侧的铺位和卫生间隔壁的铺位！儿童票价格有折扣，所以可以给大人买便宜的上铺，给孩子买更贵的下铺。

5岁以下的儿童可以免费乘火车，但他们必须和妈妈或爸爸睡在一个铺位上。

如果不想听见其他乘客和车轮的声音，可以带一对耳塞。

远东，这里是指俄罗斯最东边的地区。

北冰洋

勒拿河

俄罗斯

美国，阿拉斯加

贝加尔湖

白令海

鄂霍次克海

阿穆尔河

堪察加半岛

中国

萨哈林岛
（库页岛）

太平洋

蒙古

朝鲜

符拉迪沃斯托克（海参崴）

日本

楚科奇自治区的民族

滨海边疆区的民族

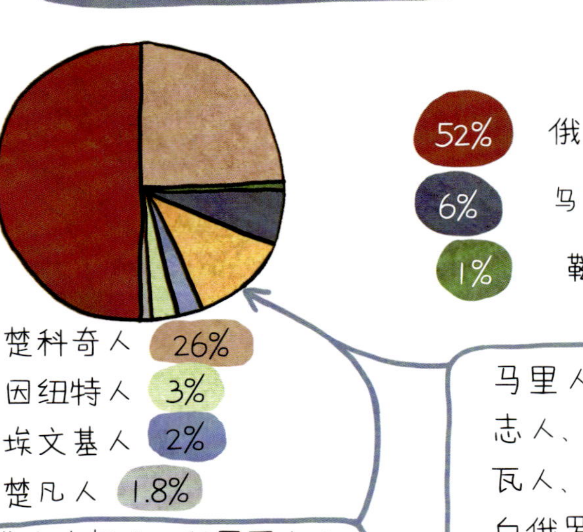

楚科奇自治区		滨海边疆区
52%	俄罗斯人	92%
6%	乌克兰人	3%
1%	鞑靼人	0.5%

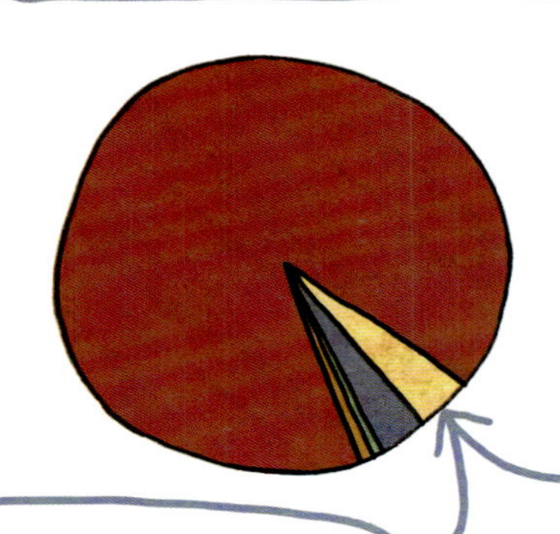

朝鲜人  1%

楚瓦什人、塔吉克人、吉尔吉斯人、乌德穆尔特人、犹太人、格鲁吉亚人、车臣人、图瓦人、茨冈人、列兹金人、阿瓦尔人、那乃人、达尔金人、尼夫赫人、奥罗奇人、乌尔奇人、鄂罗克人等

楚科奇人 26%

因纽特人 3%

埃文基人 2%

楚凡人 1.8%

尤卡吉尔人、科里亚克人、楚瓦什人、卡尔梅克人

马里人、布里亚特人、巴什基尔人、德意志人、阿塞拜疆人、亚美尼亚人、摩尔多瓦人、奥塞梯人、乌兹别克人、哈萨克人、白俄罗斯人、雅库特人、莫尔多瓦人、波兰人等

每平方公里的人口密度

远东地区

远东地区每平方公里人口数最少的地方是楚科奇自治区，那里每14平方公里才有1个人！人口密度最高的是滨海边疆区：每平方公里有11.5个人。

中央联邦区

符拉迪沃斯托克（海参崴）人可以骄傲地说：

“这里已经不是西伯利亚了！”

——加林·米哈伊洛维奇

（作家、铁路工程师，曾参与西伯利亚大铁路的修建工作）

远东是俄罗斯最东部的地区，包括滨海边疆区、哈巴罗夫斯克边疆区、犹太自治州、阿穆尔州、马加丹州、楚科奇自治区、堪察加边疆区和萨哈林州。远东地区毗邻两个大洋——太平洋和北冰洋。在西伯利亚大铁路途经地区的南部，俄罗斯与中国沿阿穆尔河（黑龙江）接壤，与日本隔海相望，与朝鲜沿图们江相连，图们江上还有一座名为“友谊”的铁路桥。

远东地区南部最大的两条河流是中俄之间的界河阿穆尔河（黑龙江，干流长 2824 公里）和乌苏里江（897 公里）。远东南部为季风气候，冬季温暖多雪，夏季短暂而凉爽。这里常见大雾、持续阴雨和台风天气。季风期常有洪灾，河流水位升高，冲毁道路，冲断桥梁，淹没城镇。这里的森林植被包括云杉、冷杉和蒙古栎。这里人口密度很低，大部分居民都生活在沿河分布的居住区中。远东地区最大的两个城市是符拉迪沃斯托克（海参崴）和哈巴罗夫斯克（伯力），它们都是年轻的城市，19 世纪才作为军事哨所出现。

1891 年，皇储尼古拉，也就是后来的沙皇尼古拉二世在符拉迪沃斯托克（海参崴）举行了盛大的西伯利亚大铁路动工仪式。

那不是一个和平的年代：有中国的“义和团运动”，日俄战争（1904—1905 年），工人游行罢工，还有士兵和海军起义。第一次世界大战期间其他港口都被德军潜艇所包围，国外供应的所有军火都必须通过符拉迪沃斯托克（海参崴）送达。1917 年十月革命结束后苏俄内战爆发，支持白军的英军和日军于 1918 年在符拉迪沃斯托克（海参崴）登陆。游击队、武装干涉者、捷克斯洛伐克军团、社会革命党和布尔什维克、高尔察克、谢苗诺夫和卡普佩尔的势力进行了长达五年的战争，执政者和政府不断更迭，甚至建立了一些新的国家，其中就包括远东共和国。直到 1922 年苏联政权才彻底稳固下来。

所有参战方都要利用铁路，他们使用装甲列车运输士兵和炮弹。此外，传说敌军列车曾用蒸汽火车头拉着炸药展开冲撞式攻击！所以战后铁路运输业需要较长的恢复期，即便如此，1922 年底从符拉迪沃斯托克（海参崴）到莫斯科的列车就已恢复通车。后来西伯利亚大铁路不再是连通这里和俄罗斯中部的唯一通道：1934 年这里建立了飞往莫斯科的固定航线。当时从符拉迪沃斯托克（海参崴）到莫斯科的特快列车全程需要 8.5 天，但航空邮件 75 小时便可到达。起初飞机只用于运输货物和邮件，1948 年 5 月 15 日建立了第一条莫斯科和符拉迪沃斯托克（海参崴）之间的客运航线。苏联卫国战争期间远东海军在敖德萨、塞瓦斯托波尔、莫斯科和列宁格勒进行战斗，符拉迪沃斯托克（海参崴）又一次成为运输盟国军用物资的港口。对远东地区的人民来说，直到 1945 年 9 月日本在投降书上签字，第二次世界大战才算真正结束。

杨兴顺（1904—1989 年）是哲学史研究者、《道德经》俄文版译者，他曾这样描述 1916—1925 年的符拉迪沃斯托克（海参崴）：

苏联时期符拉迪沃斯托克（海参崴）的一个区（谢苗诺夫区）就像一个‘小中国’。这里的居民都是中国人，有很多售卖中国产品的商店和铺子，这里有中国饭店和小吃店、澡堂和理发店，甚至还有两座中国剧院——大剧院和小剧院。人们可以在街边小摊上吃早饭，有各种面食、豆奶、豆花等等。这个区由一个商会管理，商会则由一位来自山东的中国领事领导。商会有自己的警察局、监狱和学校。这些中国移民中几乎没有女性，每个人的愿望都是多赚些钱，然后回到家乡买地建房、组建家庭。当然，这个梦想就像肥皂泡一样破灭了。

俄罗斯远东地区阿穆尔虎种群的变化

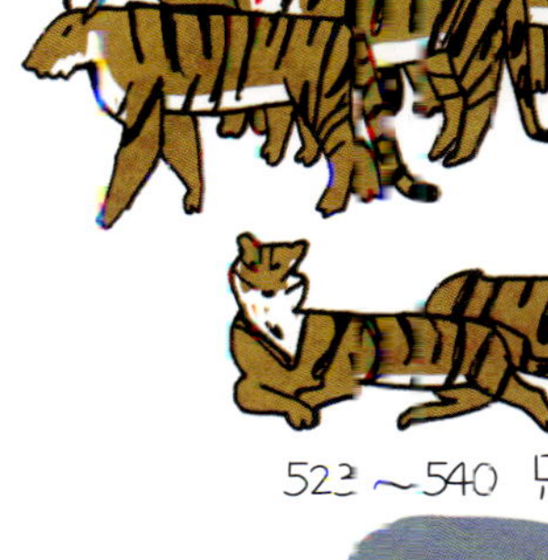

堪察加半岛是俄罗斯最大的半岛。那里还有约 30 座活火山！

4699 米

克柳切夫火山

3307 米

舍维留奇火山

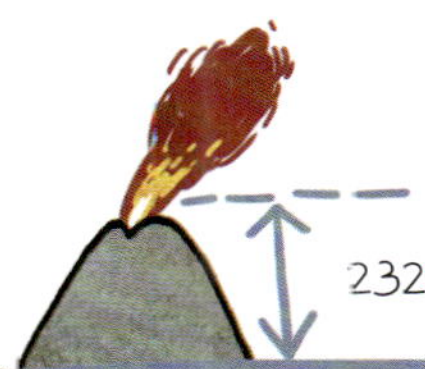

扎维塔亚站

（扎维京斯克市）

距莫斯科 7995 公里

停车 2 分钟

10721 人

东九区

一月 -21℃

七月 27℃

当地人说

维多利亚·日丹诺娃，29 岁

“如果你的爸爸是铁路职工，最大的好处就是能免费沿着西伯利亚大铁路旅行。虽然我没有去过俄罗斯西部，但东边却常常去。”

维多利亚和很多扎维京斯克人一样喜欢吃中餐。可以尝尝这里的糖醋里脊、地三鲜和黑河沙拉。

19 世纪末，这里形成了一个居住地，1905 年取名为扎维塔亚镇。几户白俄罗斯移民曾在这里生活。1914 年，这里修建了火车站。1954 年，小镇变成了城市，更名为扎维京斯克。城市和车站的名字都和扎维塔亚河有关，它是阿穆尔河的支流，十分蜿蜒曲折。火车站至今仍是该城市的重要单位，铁路后面的一个行政区就叫后铁路区。扎维京斯克是一个铁路枢纽（三条铁路线在这里交会）。每天都有长途列车在这里停靠，货运列车也从此处经过，它们停靠在单独的站台。1928 年，这里修建了蒸汽机车库，20 世纪 60 年代初，车站成为产业规模巨大的大型铁路枢纽站。现在的车站大楼是新修的，以前的木制建筑 1989 年就被拆除了。城市不远处是扎维京斯克军用机场，如今已经废弃。2007 年 4 月机场最后一次运营，接收了来自圣彼得堡的涡轮叶轮，它们被用于建设布列亚水电站。从前的兵营如今已成为城市的一部分，并逐渐恢复了生机。

20 世纪 30 年代的水塔

“我家住的房子是 1985 年盖的典型的三层板房。”

应该去哪儿转转？

可以去城市广场，在长椅上坐坐、骑车、玩滑板，冬天这里会摆上圣诞树，浇筑溜冰场。市里有新修的“火炬”体育馆、文化宫、人民剧院，夏天七月份时还会举行年轻音乐人的摇滚音乐节。扎维京斯克会举办越野摩托车比赛，并且为此修建了很棒的赛道。

扎维京斯克的纪念碑

这块石碑是为了纪念遭受政治迫害的受害者。

卫国战争牺牲同胞纪念碑

从铁路高架桥上能看到很美的城市风景，这条铁路连接了两个城区——后铁路区和铁路区。“从这里可以看到漂亮的火车站，还有向远处延伸的铁轨……由于这里土壤很特殊，市里没有五层以上的建筑，因此视野十分开阔。”

伊恩站
（斯米多维奇市）

车站有人卖煎饼，夏天能买到浆果、蘑菇和蜂蜜。

距莫斯科 8433 公里

停车 1 分钟

4279 人

东十区

一月 -19℃

七月 25℃

当地人说

阿丽娜·洛巴斯，8 岁

“1968 到 1972 年我的曾外祖父在哈巴罗夫斯克（伯力）到莫斯科的火车上做列车员。我的曾外祖母则在伊恩火车站做值班员。我的曾祖父在 20 世纪六七十年代开过蒸汽火车。”

瓦列莉亚·亚罗申科，11 岁

“我的曾曾曾祖父（曾祖母的爷爷）从符拉迪沃斯托克（海参崴）来到伊恩站修路，从此便留了下来。他很喜欢这里的土地，还喜欢在这儿钓鱼。”

这个市级镇在犹太自治州首府比罗比詹以东 75 公里，哈巴罗夫斯克（伯力）以西 101 公里。它位于大伊恩河河谷，火车站也是因此而得名。其实市镇离大伊恩河稍远，开车需要半个小时。1910 年，这里修建了火车站，市镇也随之形成，起初它叫伊恩镇，1934 年为了纪念革命者彼得·斯米多维奇而更名。它是犹太自治州一个区的区中心，这个区也叫斯米多维奇。斯米多维奇是犹太族劳动者土地规划委员会（1924—1935 年，属于苏联民族院主席团）代表，他帮助犹太移民在这里定居下来。现在的伊恩站是 2009 年建造的新车站。这个铁路小镇的老建筑里，只保留了两座水塔和一座简易板房。

水塔的主体是砖墙，但贮水池外面包了一层用来保温的木板。

“奶奶说以前车站一天要停五六趟列车，那时他们不用看表，听火车的汽笛声就能判断时间。早上是‘布拉戈维申斯克’［从符拉迪沃斯托克（海参崴）到布拉戈维申斯克（海兰泡）的列车］，晚上是‘哈尔科夫’。现在货车特别多，客车都是过路车，所以还是看表更简单。”

——瓦列莉亚

请在斯米多维奇找到 4 只松鼠！

列宁纪念雕像

斯米多维奇少儿艺术学校

哈巴罗夫斯克 1 号站

（哈巴罗夫斯克市）

距莫斯科 8534 公里

停车 1 小时 10 分钟

618150 人

东十区

一月 -19℃

七月 27℃

当地人说

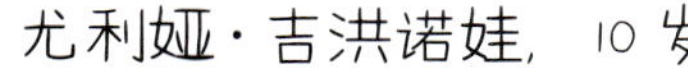

玛丽娜·帕夫洛娃，7 岁

“夏天我和哥哥、妈妈常去车站散步。如果有火车经过我们会向它挥手。司机都会鸣笛致意，还会向我们挥手呢。”

尤利娅·吉洪诺娃，10 岁

“我住在郊区，我家又大又舒服又暖和。我在第五中学读书，学校有四层楼。我喜欢这所宽敞的学校，在这里可以学各种外语，比如英语和日语。”

哈巴罗夫斯克（伯力）的前身是 1858 年修建的哈巴罗夫卡哨所。1880 年哈巴罗夫卡设市，1893 年更名为哈巴罗夫斯克。1897 年这里与符拉迪沃斯托克（海参崴）的铁路通车，1916 年，修建了阿穆尔河铁路桥，连通了哈巴罗夫斯克（伯力）与东西伯利亚。这座城市在 20 世纪飞速发展，出现了许多工厂，其中包括远东柴油机厂的前身军械厂；组建了江河舰队；哈巴罗夫斯克（伯力）的主干道上亮起了电灯，由阿穆尔河上的水电站进行供电。这里每年举办两次集市，一次农业集市，一次工业集市。哈巴罗夫斯克（伯力）的供水系统起初铺设在河底，1900 年建造了抽水塔并且沿用至今。城市拥有了第一批汽车，1956 年出现了有轨电车。苏联卫国战争期间，船只沿阿穆尔河将红军同盟军提供的军用物资从远东的港口运到哈巴罗夫斯克（伯力），然后再用火车运往西部。

粉红鲑

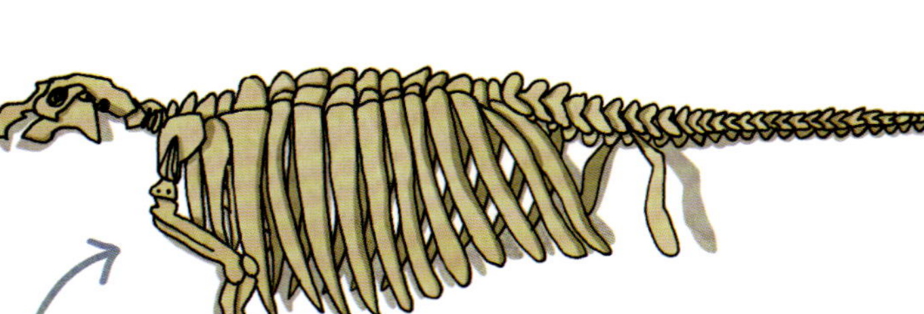

格奥尔格·斯特勒于 1741 年发现并记载了大海牛的存在。三四十年以后大海牛便灭绝了。

比罗比詹肉饼

德尔苏·乌扎拉

德尔苏·乌扎拉是猎人和探险队向导，他曾在哈巴罗夫斯克（伯力）生活过。远东探险家弗拉基米尔·阿尔谢尼耶夫的回忆录使他在俄罗斯闻名遐迩。

长达 5.6 米

阿穆尔河是俄罗斯所有河流中鱼的种类最丰富的——足足有一百多种，其中最出名的是鳇鱼。

阿穆尔河（黑龙江）干流长达 2824 公里，流经俄罗斯、蒙古和中国。它还是中国与俄罗斯的界河。

军区医院

犹太教堂

什马科夫卡站

（阿夫杰耶夫卡村）

距莫斯科 8987 公里

停车 2 分钟

555 人

东十区

一月 -15℃

七月 25℃

当地人说

亚历山德拉·扎伊卡，13 岁

“我在滨海边疆区的基洛夫斯基镇第一中学读书。我住的地方离火车站 16 公里远。我打算写一写火车站的历史，因为镇中心图书馆里有很多关于车站的有趣材料。”

阿夫杰耶夫卡村位于远东最大的两个城市——符拉迪沃斯托克（海参崴）和哈巴罗夫斯克（伯力）之间。什马科夫卡火车站距离村子6公里，它建于 1894 年，它的名字是为了纪念铁路工程师弗拉基米尔·谢苗诺维奇·什马科夫，他在对西伯利亚大铁路乌苏里区段进行勘察工作时去世。“建筑工程师们在难以想象的环境下工作，”1901 年的《阿穆尔公报》这样写道，“他们穿着厚重的外衣陷在雪地里，被白雪晃得眼花，勘探者们向着原始森林的深处走去，那里也许尚未有人踏足。他们有时好几天不吃不喝，忍着刺骨的寒冷露宿野外……他们工作时还没有地图可用，因为现有的地图都是错误的，只能靠自己推测方向……”1986 年，这里修建了新的什马科夫卡火车站，2002 年又新修了中学教学楼。这个车站主要负责收发货物。

什马科夫卡疗养地距离村子 20 公里。在这里，人们可以用具有治疗效果的水洗澡，这些水也可以饮用。1870 年，人们发现了这些能治病的水泉，1933 年这里建成了疗养地。

胡桃和核桃很像，但胡桃的核小一些，也更少见。

五味子

这个烟囱属于哈巴罗夫斯克（伯力）第二热电厂，它曾是最大的市立发电厂，如今为住宅、学校和医院提供暖气和热水。

不要在阿穆尔河里游泳！尤利娅提醒我们：“阿穆尔河里的水太湍急难测了。”

这些摩天大楼位于哥萨克山上的老城区。

阿穆尔河对面就是中国。

军官之家

中央百货商店

乌苏里斯克站

（乌苏里斯克市）

距莫斯科 9188 公里

停车 19 分钟

172017 人

东十区

一月 -13℃

七月 26℃

乌苏里斯克（双城子）是滨海边疆区人口数量仅次于符拉迪沃斯托克（海参崴）的第二大城市。它坐落在绥芬河、拉科夫卡河、科马洛夫卡河的交汇处，但它得名于乌苏里江。1893 年，火车站投入运营，此后曾四次更名！一开始叫“克特利采沃”，然后改成“尼科利斯克”，接着是“尼科利斯克-乌苏里斯克”，1962 年最终改成“乌苏里斯克”。城市的名字也几经更替：1926 年以前叫尼科利斯克，1935 年以前叫尼科利斯克-乌苏里斯克，1935 到 1957 年叫伏罗希洛夫。7 世纪时远东有一个国家叫渤海国，其领土包括了滨海边疆区的南部。以良马而闻名的率宾府就在如今的乌苏里斯克（双城子）。几百年以后渤海国灭亡，村庄也被废弃，直到 20 世纪才被考古学家发现！乌苏里斯克（双城子）靠近中俄边境，在这里可以乘坐中国东方铁路（即中东铁路，它曾是西伯利亚大铁路的一部分，现称中国长春铁路）抵达边境。西伯利亚大铁路实现电气化以后改用电力机车，但去中国仍然只能乘坐乌苏里斯克车务段的蒸汽火车。乌苏里斯克（双城子）设有远东国立交通大学分校以及火车司机培训学校。

当地人说

乌苏里斯克苏沃洛夫军事学校的学员

斯塔尼斯拉夫·基霍米罗夫　安德烈·卡申采夫　谢尔盖·茹拉夫廖夫　斯坦尼斯拉夫·利托夫琴科

学员们住在 19 世纪建造的军营里，每个楼里住一个连。学校里还有图书馆、博物馆、音乐厅和体育馆。

“我们四个人参加了青年记者社团，学校有两份报纸：《乌苏里斯克苏沃洛夫军校生》和《小老虎》。我们还有演播室，每两周播报一次关于校园生活的新闻。”

准备跳伞的苏沃洛夫军校生

七连的军营

结束操练的苏沃洛夫军校生

“这里只有男学生。4 年级以后就可以入学，学制 7 年。我们严格按照规定生活，6:25 起床，进行晨跑和早操，然后吃早饭。”

请在市立公园里找到这座 12 世纪的石龟。由女真族建立的金朝（12—13 世纪）的皇室成员的陵墓中都有这种雕像。

远东的雨蛙可以变成碧绿色、黄色和灰色，它几乎一直待在树林里。

重达 320 公斤的远东地区的野猪

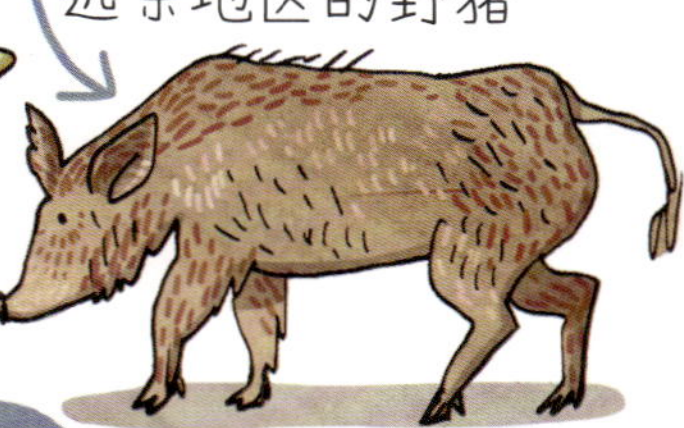

白杨鹰蛾

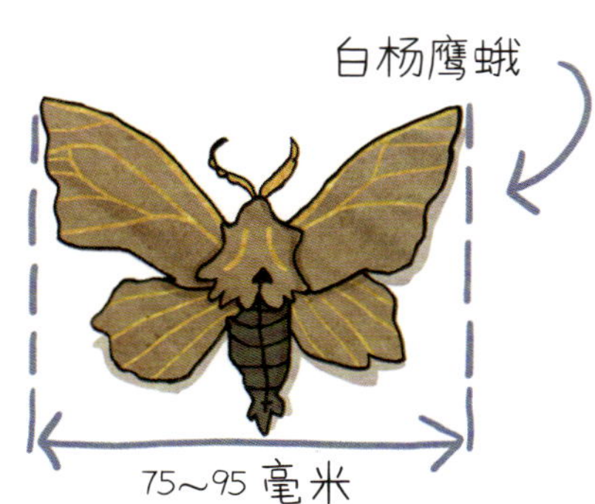

75～95 毫米

市中心有一座狭长的白色九层楼房，就像一艘巨大的白色轮船，所以人们把它叫作“阿芙乐尔号”。中央广场上有两座喷泉，被人们称为“两个脸盆”。

乌苏里斯克（双城子）的传说

将军府的幽灵

普希金街上有一座房子叫“将军府”。以前乌苏里斯克（双城子）的高级军官曾住在这里。传说这座房下埋有尸体，他们的灵魂无法安息，即使房子被拆了一部分也无济于事。

凡尔赛饭店的鬼魂

苏联卫国战争期间，日本反间谍组织就设在凡尔赛饭店，这座二层小楼位于如今的列宁路和契切林路路口。当时的老房子已经被拆除，但当地人说晚上仍会听见日本人的说话声和门闩的叮当声。

绿岛公园的怪物

1911 年，一个马戏团来到了乌苏里斯克（双城子），还带来了一些半人半猴的怪物，它们全身长满毛发，但是“能说法语，会跳维也纳华尔兹”，好像是在亚马孙雨林里抓到的。这些怪物从马戏团逃走了，很快就有人晚上在公园里看见“外表奇特、毛发丛生、不穿裤子的人”。

乌戈利那亚站
（工人村）

距莫斯科 9257 公里
停车 5 分钟
18522 人
东十区
一月 -8℃
七月 23℃

当地人说

安格莉娜·马卡连科，9岁，以及她的妈妈维罗妮卡

“我住在我们村的中心，就在浆果园公交车站旁边。这里以前只有一种产业，就是种植浆果和水果。我们菜园的栅栏外面是一片荒地，原来被铁丝网围着，还有一座瞭望塔。现在这里种着人参和各种草本植物。以前到处都是草莓和醋栗，野杏树和野苹果树现在每年春天还会开花呢。”

市场里卖什么？

蕨菜

雪松果糖浆

五味子藤

这个村子位于乌格洛夫湾的岸边，1893 年，这里在修建西伯利亚大铁路石线三站，于是开始有建筑工人居住，然而早在火车站出现以前这个村子就已经存在了。1908 年以前，这个车站叫“三十俄里会让站”。后来附近发现了丰富的煤矿，于是车站更名为乌戈利那亚站。1920 年，这个站前村一共有 30 户人家，居民们共同决定了村庄的名字——工人村。19 世纪末，阿列克谢·斯塔尔采夫在村子里开设了一家砖厂，为符拉迪沃斯托克（海参崴）的建筑工程提供砖头，在苏联时期也是如此。20 世纪中期，这座工厂为当地居民提供了大部分工作机会，它也是滨海边疆区最大的工厂之一。如今在工厂所在的位置有一座小小的纪念碑——一只拿着砖头的手。1907 年，杰列夫斯基医生在海湾边的一座二层木制楼房中开设泥浴治疗所。苏俄内战期间，救护列车将负伤的士兵送到这里进行泥浴治疗。以前人们直接从海湾获取泥浆，现在只能从其他地方取得，因为海湾中有污水排入。苏联时期的火车站大门处有一座名为“列宁与工人们谈话”的雕塑群像，该雕像保存至今。铁路边还有一座 1916 年修建的水塔。

村子里有珍珠路、三角湾路、旗舰路，从这些名字不难看出大海就在不远处。安格莉娜和她的妈妈维罗妮卡喜欢在靠海的三角湾路上散步。

“有时煤层会从地表露出来，路面上好像撒了一层煤。”

库尔恰托夫路

符拉迪沃斯托克站

（符拉迪沃斯托克市）

距莫斯科 9288 公里
60 万人
终点站
东十区
一月 -12℃
七月 18℃

当地人说

费佳·尼基福罗夫，7 岁

他喜欢在俱乐部下棋。他推荐我们去海边走走：可以往海里扔石子儿，再看看喷泉。他最喜欢的道路是斯维特兰那大街。

以利亚·利西察，12 岁

他最喜欢阿穆尔路。旁边就是“第一条河”火车站，这个地区以前叫朝鲜村。他最喜欢的地方是“港口，因为它是一切的开端”。他认为金桥是整个城市最漂亮的地方。

萨沙·谢苗诺娃，8 岁

她住在市中心的第一海军大街。

“我家的房子有接近一百年的历史。我们每天都可以在阳台上欣赏海景。”

萨沙认为博物馆是最好看的建筑，最美丽的街道则是老虎街。

我们已经抵达本次旅行的最后一站。符拉迪沃斯托克（海参崴）是一个相当年轻的城市。1860 年，一艘军舰来到这里建立了军事哨所。15 年以后，符拉迪沃斯托克（海参崴）才发展成一座城市。1891 年 5 月 19 日，这里开始修建火车站和铁路。1893 年铁路通车。和铁路一起来到这座城市的还有其他先进技术。1912 年，斯维特兰那大街上出现了第一辆有轨电车，通过电报市民们第二天就可以了解首都发生的新闻，以前可要等上半年！甚至人们还为自行车运动员修了一条自行车赛道！尽管如此，直到 20 世纪初市里还没有供水系统，送水工要挨家挨户送水，而且水常常不够，尤其是在冬天，当时已经有两万八千多名居民。苏俄内战期间，这里的政府和执政者不断更替：游击队、武装干涉者、捷克斯洛伐克军团、社会革命党和布尔什维克以及高尔察克、谢苗诺夫和卡普佩尔的军队。直到 1922 年苏联政权才最终稳固。莫斯科和符拉迪沃斯托克（海参崴）之间的交通很快便恢复了。1936 年，居民们才用上自来水。

这里过去非常原始，在符拉迪沃斯托克哨所建立的第一年，士兵和军官带来的狗都被老虎吃掉了。如今市里有一条街道就叫老虎街。请在这两页里再找到 5 只老虎！

符拉迪沃斯托克的植物

即使在严寒天气里，金角湾也不会结冰！

费佳·尼基福罗夫家窗外的景色

“每天晚上海洋号列车都会从这座1893年建成的火车站出发。这趟列车的目的地是哈巴罗夫斯克（伯力）。它总是伴着《斯拉夫人送别进行曲》的旋律驶向远方。”——萨沙

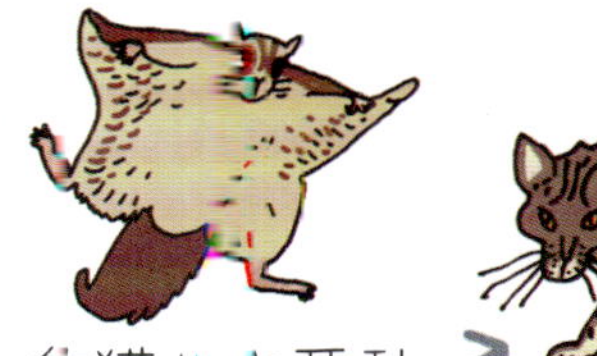

20世纪初，在符拉迪沃斯托克海湾上溜冰是当地人最喜欢的娱乐之一。

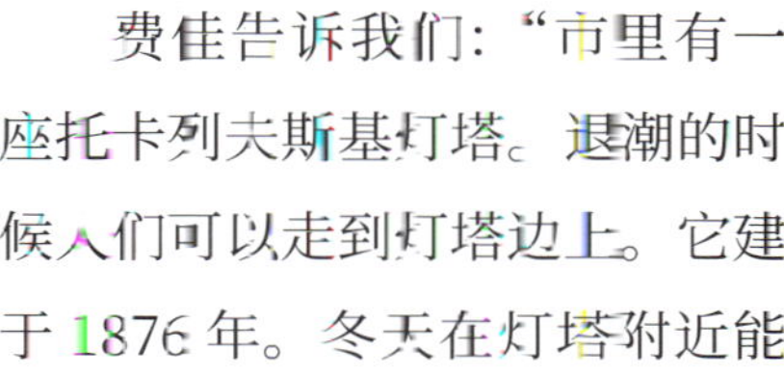

费佳告诉我们：“市里有一座托卡列夫斯基灯塔。退潮的时候人们可以走到灯塔边上。它建于1876年。冬天在灯塔附近能看见海豹。”

19世纪，符拉迪沃斯托克（海参崴）的朝鲜人

费佳妈妈的菜谱：
螃蟹煎蛋

1. 准备螃蟹、洋葱和西红柿。
2. 把上述食材稍微煎一下。
3. 打鸡蛋，把青菜切碎。
4. 用打蛋器搅拌鸡蛋和青菜。
5. 把蛋液倒进装着螃蟹的锅里，盖上锅盖直到煎熟。

基里尔·瓦西列诺克、丹尼斯·基博奇、格奥尔吉·库利科夫、丹尼斯·舒姆斯基是符拉迪沃斯托克总统士官武备学校六年级学生。他们已经12岁了。武备生只有周末可以回家。他们必须学会独立生活：自己刷鞋、洗袜子、熨衣领（海军的大翻领）。学校的学生能够顽强地面对困难，他们必须是勇敢和刚毅的，因为毕业以后他们可能会成为海军军官或舰长。

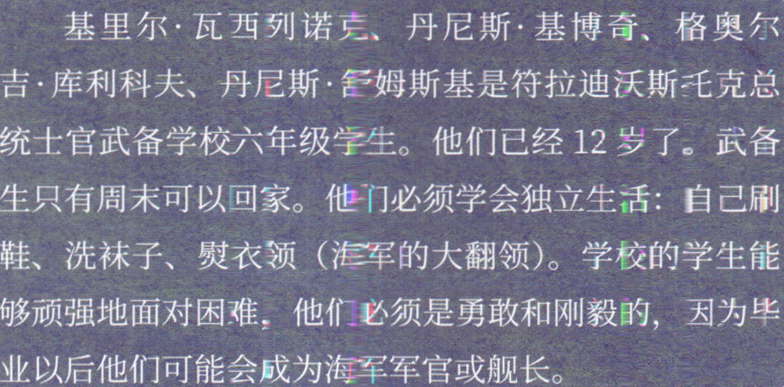

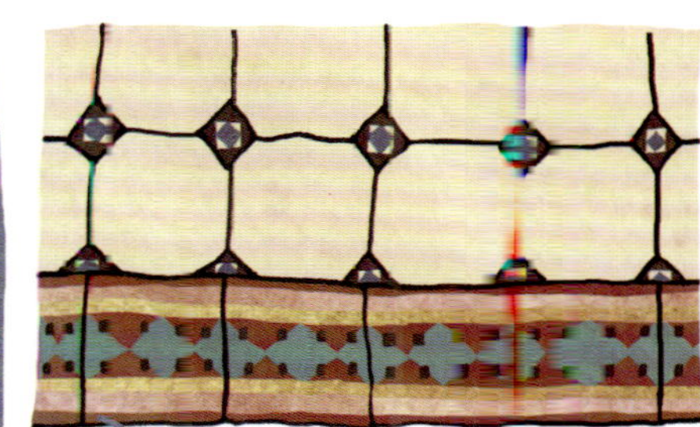

符拉迪沃斯托克（海参崴）火车站的地板是日本瓷土板。

费佳的推荐：
海带巧克力

韩式蒸包——一种白菜肉馅的蒸包子。

1890年，安·巴·契诃夫这样写道：“海湾上有真正的鲸鱼浮游，摆动着大尾巴。”

海湾上行驶着大大的轮船和小小的快艇。

金桥于2012年通车。这座斜拉桥可以供汽车通行。

港口起重机

地图图例
西伯利亚大铁路
俄罗斯轨距的铁路
区间铁路
轮渡
换乘站
从英法海底隧道穿越英吉利海峡的欧洲之星列车路线
挪威
瑞典
奥斯陆
丹麦
哥本哈根
北海
爱丁堡
贝尔法斯特
英国
都柏林
爱尔兰
汉堡
德国
柏林
阿姆斯特丹
荷兰
伦敦
布鲁塞尔
法兰克福（美因河畔）
比利时
布拉格
捷克
凯尔特海
纽伦堡
卡尔斯鲁厄
巴黎
卢森堡
慕尼黑
维也纳
奥地利
瑞士
苏黎世
列支敦士登
斯洛文尼亚
法国
意大利
克罗地亚
博洛尼亚
波斯尼亚和黑塞哥维那
圣马力诺
西班牙
圣塞瓦斯蒂安
安道尔
摩纳哥
梵蒂冈
罗马
葡萄牙
巴塞罗那
那波利（那不勒斯）
巴里
马德里
里斯本
帕尔马
第勒尼安海
塞维利亚
大西洋
阿尔及利亚
突尼斯
地中海
摩洛哥

芬兰
赫尔辛基
斯德哥尔摩
塔林
纳尔瓦
圣彼得堡
俄罗斯
基洛夫
爱沙尼亚
波罗的海
博洛戈耶
雅罗斯拉夫尔
科斯特罗马
里加
拉脱维亚
特维尔
莫斯科
立陶宛
维尔纽斯
俄罗斯
明斯克
波兰
布良斯克
白俄罗斯
华沙
布列斯特
乌克兰
基辅
克拉科夫
文尼察
斯洛伐克
布达佩斯
摩尔多瓦
匈牙利
基希讷乌
罗马尼亚
贝尔格莱德
布加勒斯特
塞尔维亚
黑山
保加利亚
索非亚
黑海
格鲁吉亚
里海
巴尔
北马其顿
阿尔巴尼亚
亚美尼亚
爱琴海
阿塞拜疆
希腊
土耳其
伊朗
雅典
叙利亚
伊拉克
从俄罗斯帝国到后来的苏联，火车轨道间距的标准一直是1524毫米。而欧洲火车的轨道间距是1435毫米。现在不仅俄罗斯境内沿用1524毫米的轨距轨道，过去属于俄罗斯帝国和苏联的国家也是如此，所以过境进入波兰、匈牙利和罗马尼亚时火车需要改用另一种车轮行驶。